DIRCEU ANTONIO RUARO

CB044296

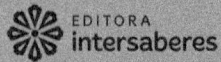

DIALÓGICA

O selo DIALÓGICA da Editora InterSaberes faz referência às publicações que privilegiam uma linguagem na qual o autor dialoga com o leitor por meio de recursos textuais e visuais, o que torna o conteúdo muito mais dinâmico. São livros que criam um ambiente de interação com o leitor – seu universo cultural, social e de elaboração de conhecimentos –, possibilitando um real processo de interlocução para que a comunicação se efetive.

Problematização da prática reflexiva de professores de Língua Portuguesa na sala de aula

Rua Clara Vendramin, 58 • Mossunguê • CEP 81200-170 • Curitiba • PR • Brasil
Fone: (41) 2106-4170 • www.intersaberes.com • editora@editoraintersaberes.com.br

Dr. Ivo José Both (presidente);
Dr.ª Elena Godoy; Dr. Neri dos Santos
e Dr. Ulf Gregor Baranow • conselho editorial

Lindsay Azambuja • editora-chefe

Ariadne Nunes Wenger • supervisora editorial

Ariel Martins • analista editorial

Tiago Krelling Marinaska • preparação de originais

Clarissa Martinez Menini • design de capa

Raphael Bernadelli • projeto gráfico

Mayra Yoshizawa • diagramação

Marcelo Lopes • ilustrações

Sandra Sebastião• iconografia

Dados Internacionais de Catalogação na Publicação (CIP)
(Câmara Brasileira do Livro, SP, Brasil)

Ruaro, Dirceu Antonio
  Problematização da prática reflexiva de professores de língua portuguesa na sala de aula/Dirceu Antonio Ruaro. – Curitiba: InterSaberes, 2012.

  Bibliografia.
  ISBN 978-85-8212-773-5

  1. Português – Estudo e ensino 2. Prática de ensino 3. Professores – Formação profissional 4. Sala de aula – Direção I. Título.

12-13674   CDD-370.71

Índices para catálogo sistemático:
  1. Professores de língua portuguesa na sala de aula: Formação profissional: Educação 370.71

1ª edição, 2013.

Foi feito o depósito legal.

Informamos que é de inteira responsabilidade da autora a emissão de conceitos.

Nenhuma parte desta publicação poderá ser reproduzida por qualquer meio ou forma sem a prévia autorização da Editora InterSaberes.

A violação dos direitos autorais é crime estabelecido na Lei n. 9.610/1998 e punido pelo art. 184 do Código Penal.

sumário

prefácio, ix
apresentação, xiii
introdução, xvii

um   fundamentos teórico-metodológicos do estudo: pesquisa-ação – uma aproximação, 25

dois   discutindo a formação de professores: um breve olhar, 35

três   propostas de formação de professores: um possível diálogo com Schön, Nóvoa, Perrenoud, Alarcão e Freire, 69

quatro   o fazer e o pensar do professor de Língua Portuguesa: relato de uma aproximação da pesquisa-ação, 103

cinco   construção de uma nova possibilidade de ensinar/aprender Língua Portuguesa, 177

considerações finais, 193
referências, 201
nota sobre o autor, 211

*Dedico este livro às mulheres que
marcaram minha vida:
Carmelina* (in memoriam)*,
Marlucy e Mônica.*

*Agradeço às professoras que
participaram da pesquisa.*

prefácio

O PROFESSOR É O profissional da educação que sabe conduzir-se e desenvolver suas funções no contexto das exigências do seu tempo. Por isso mesmo, o trabalho desenvolvido nesta obra foi tão feliz ao procurar atingir o fulcro de atuação do professor pela via reflexiva de sua prática profissional. É preocupação do autor deste livro que não basta ao professor saber, mas saber o que e como fazer o que tem de ser realizado.

A leitura desta obra conduz o professor à reflexão permanente sobre a prática de sua atuação no dia a dia de sua função docente. Trata-se de uma chamada de atenção dirigida àqueles que já se encontram no desempenho das funções docentes, bem como aos que nela pretendam fazer carreira doravante, com o objetivo de alertá-los de que ser professor exige plena conformidade entre o saber e a prática do que se sabe.

De fato, a educação brasileira ainda não goza de pleno sucesso porque a prática pedagógica não está conseguindo se conformar de todo com os conhecimentos exigidos em cada nível escolar, assim como a metodologia de ensino e a didática docente nem sempre estão identificadas com o domínio dos conteúdos exigidos de cada estudante.

Este trabalho também tem como propósito chamar a atenção dos profissionais docentes, em especial, para o fato de que não basta os alunos deterem bastantes conhecimentos; é preciso que os educandos tenham consciência de como esses saberes foram adquiridos e assimilados.

O próprio título da obra aponta para a filosofia de atuação pela qual o professor deve conduzir os seus trabalhos, nele transparecendo a via da qual nenhum docente deveria abster-se: a via reflexiva. A reflexão é, por certo, um dos melhores caminhos para a condução de um trabalho consequente.

Refletir pressupõe encontrar as melhores alternativas para a aprendizagem, sugere avaliar permanentemente os conteúdos assimilados, como eles foram adquiridos e qual a serventia destes no dia a dia das pessoas.

Se o saber ser professor reflexivo é uma das fortes preocupações do autor, não menos importante é o seu interesse pela formação desse profissional da educação. E a boa formação do professor tem tudo a ver com o nível e a adequação acadêmica daqueles educadores que se revestem da responsabilidade de formar.

Assim, esta obra procura circunscrever os principais fatores que incidem na formação de professor reflexivo do seu tempo: formação profissional, atitude pedagógica e saber o que fazer e como fazer.

Esta é uma obra que certamente se inscreve como uma das mais recomendadas à formação do perfil profissional e pessoal de quem se candidata a atuar na e pela academia formadora de profissionais da educação.

Ivo José Both[*]

---

[*] Doutor em Educação, na área de política educacional, pela Universidade do Minho, Portugal. Foi Pró-Diretor e diretor acadêmico de Pós-Graduação, Pesquisa e Extensão da então Faculdade Internacional de Curitiba (Facinter).

apresentação

A IDEIA DE transformar a tese de doutoramento em um livro que pudesse trazer à discussão o agir docente e a prática pedagógica na ação cotidiana da sala de aula surgiu após algum tempo de amadurecimento, pois converter a tese em uma obra apenas para publicação fugia do nosso interesse. Não queríamos trazer ao palco da ação pedagógica mais um "manual" ou "receituário" de ideias boas, porém inviáveis. A contribuição do livro teria de ser no sentido de favorecer um melhor desempenho da ação docente no "chão da sala de aula". Assim como Fernandes (2012), temos certeza de que é possível obter essa melhoria profissional "mediante o conhecimento e a experiência: o conhecimento das variáveis que intervêm na prática e a experiência para dominá-las".

Por isso, o estudo da ação docente em confronto com as teorias da prática reflexiva necessariamente nos levou a crer que a melhoria da prática profissional passa pela análise do que se faz, de como se faz, para que se faz e do contraste desse fazer com outros fazeres, com outras práticas.

O estudo tenta, desse modo, possibilitar uma reflexão, um debate, uma discussão sobre o conhecimento dos processos educativos e, sobretudo, do caminho que segue ou tem de seguir um professor reflexivo para melhorar sua prática educativa.

Compreendemos, ainda, que a eficácia da atuação educativa passa necessariamente pelo conhecimento e pelo controle das variáveis que nela intervêm. Em virtude de os processos de ensino e de aprendizagem serem extremamente complexos, é necessário que se ofereçam aos educadores oportunidades de reflexão que possibilitem a esses profissionais interpretar o que acontece em aula, ou seja, nos processos de ensino e de aprendizagem, de maneira que possam planejar o processo educativo e, na sequência, realizar uma avaliação do que aconteceu.

A proposta deste livro é fazer parte da formação continuada dos docentes numa linha de atuação profissional baseada no pensamento prático, mas com capacidade reflexiva, refletindo a tensão da sala de aula no agir docente e na prática pedagógica, transcendendo as meras expectativas de buscar modelos de ação.

É o "ser em aula" que nos interessa, que nos instiga a passear pelas teorias e confrontá-las com a ação do professor, nesse palco tão paradoxalmente conhecido e, ao mesmo tempo, desconhecido que é a sala de aula.

O estudo está organizado em cinco capítulos. No Capítulo 1, destacamos a opção e ação metodológica do estudo, traçando os passos percorridos para a coleta dos dados que compõem o processo da pesquisa.

No Capítulo 2, apresentamos uma breve reflexão sobre o conceito de formação e o entendimento que temos do tema *formação de professores*. No Capítulo 3, trazemos uma tentativa de diálogo com autores que atuam nessa área específica, entre eles Schön, Nóvoa, Perrenoud, Alarcão e Freire.

Organizamos o Capítulo 4 com o foco em uma discussão sobre o fazer e o pensar do professor de Língua Portuguesa. Dirigimos o olhar para as verbalizações e as práticas observadas na sala de aula, tendo as professoras da rede estadual de ensino da cidade de Pato Branco que participaram do estudo como fonte dos dados adquiridos.

No Capítulo 5, incursionamos pela proposta de se pensar em uma nova maneira de ensinar/aprender Língua Portuguesa. Apresentamos um olhar sobre a prática pedagógica nesse ambiente e convidamos a uma reflexão sobre o papel do professor de Língua Portuguesa e sua formação.

A conclusão traz a discussão sobre as possibilidades e os limites de uma ação reflexiva em Língua Portuguesa, deixando aberto o convite ao debate, ao estudo e às reflexões necessárias para tomadas de decisões que podem facilitar, ou não, o processo de ensino-aprendizagem e conduzi-lo para uma prática efetiva e eficaz.

A possibilidade de se pensar a ação reflexiva em qualquer outra disciplina fica patente no estudo que realizamos. A opção por focar o ensino de Língua Portuguesa se dá por razões pessoais de formação e ainda por ser esta uma das disciplinas que podem ensinar a pensar e tirar os alunos e os professores da "domesticação" à qual estes são submetidos pelos sistemas de ensino, que, não raras vezes, fazem o discurso da participação, da reflexão e, por outro lado, aplicam a prática da alienação.

Portanto, nada impede que os resultados deste estudo sejam ampliados e transportados para outras disciplinas ou áreas de estudo, desde que os professores compreendam que a prática reflexiva é um movimento teórico de compreensão do trabalho docente e não um receituário de práticas pedagógicas.

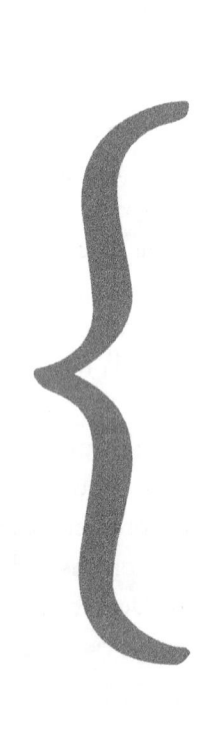

introdução

EIS A QUESTÃO que tem inquietado os sistemas educacionais, os profissionais que atuam em cursos de formação de professores e, especialmente, a coordenação pedagógica das escolas: a ação pedagógica do professor.

É necessário reconhecer que, nas últimas décadas, muitas propostas têm surgido, bem como muitas pesquisas a respeito do referido assunto, com a intenção de modificar não só a formação do professor, mas, por via de consequência, a prática pedagógica.

De fato, muitos pesquisadores de diversos países, e especificamente do Brasil, têm buscado respostas para os problemas da formação de professores e da sua ação na sala de aula. Reconhece-se a importância de tais preocupações, uma vez que os procedimentos visam à melhoria da qualidade do profissional egresso de cursos de educação e, consequentemente, de sua ação social, pois a escola é, por excelência, um instrumento social de transformação ou de manutenção do *status quo*.

Discutir a prática dos professores por meio de um estudo como este que se propõe aqui pode contribuir, de alguma forma, para a compreensão da ação do professor no ambiente da sala de aula, pois parece que os professores, de modo geral, estão preocupados com uma nova prática escolar, com um novo modo de saber-fazer.

Essa preocupação certamente está presente no meio profissional dos professores, visto que se percebe, há algum tempo, uma crise de identidade profissional e, de certa forma, uma crise que aponta para o fracasso escolar, tendo a figura do professor como ator principal da situação. Há, portanto, um grande desafio no ar. É preciso mudar a escola. É preciso mudar a ação do professor. Nesse sentido, Perrenoud (2000, p. 6) considera que:

> *Pode-se esperar que inúmeros professores aceitem o desafio, por recusarem a sociedade dual e o fracasso escolar que a prepara, por desejarem ensinar e levar a aprender a despeito de tudo, ou, então, por temerem morrer de pé, com o giz na mão, no quadro-negro, segundo a fórmula de Huberman, ao resumir a questão essencial que surge com a proximidade dos 40 anos no ciclo de vida dos professores.* [grifo do original]

Tanto professores como agências formadoras de profissionais do ensino têm uma preocupação que converge para o perfil de um profissional que seja capaz de atuar na linha de um diálogo reflexivo (Schön, 1983, 1987).

Uma das questões a fazermos a respeito da problemática proposta é: Por quanto tempo o professor vai atuar na mesma linha de sua formação? Para tentarmos entender como se processa a formação de professores na linha de ação proposta por Schön, parece ser interessante e até mesmo necessário compreendermos como se dá essa formação nos cursos de Educação de uma forma geral e como isso se processa na formação continuada em serviço.

O que se sabe empiricamente é que, no processo histórico da formação de professores, as agências formadoras "passam" teorias, conceitos, crenças, dados, procedimentos, técnicas, que visam, em última análise, contribuir para o processo de formação docente.

Quanto aos professores em serviço, parece não haver uma política de formação continuada, pelo menos no Brasil, pois se sabe, na prática, que as ações de formação em serviço são, via de regra, parte de programas político-partidários de ações educacionais desenvolvidas por ocasião de eleição de determinado candidato, seja a prefeito, seja a governador, seja a presidente da República.

Parece que a formação de professores é um problema de grande relevância social, uma vez que a sociedade é modificada pelos educadores ou sofre influências destes, que atuam na formação das pessoas que fazem parte da coletividade. Conforme Nóvoa (1992, p. 9), "não há ensino de qualidade, nem reforma educativa, nem inovação pedagógica sem uma adequada formação de professores".

Tendo isso em vista, Dewey, citado por Perrenoud (2002, p. 13), apresenta, na noção de *reflexive action*, a ideia de *profissional reflexivo*; também encontramos, ao longo do processo histórico da formação de professores, educadores que apresentam propostas tendo o profissional da educação, nas palavras de Perrenoud (2002, p. 13), "como um inventor, um pesquisador, um improvisador, um aventureiro que percorre caminhos nunca antes trilhados e que pode se perder caso não reflita de modo intenso sobre o que faz e caso não aprenda rapidamente com a experiência".

É evidente que precisamos reconhecer que a crise pela qual passa a educação é multifacetada, não sendo apenas a questão da formação de professores a responsável final por tal situação. É, entre muitos fatores, um deles e, talvez, o mais complexo. Por isso, é preciso termos presente que a escola atual parece desempenhar duas funções: uma que é a de instruir e outra que é a de educar. Ora, sabemos que a instrução passa pela transmissão de conhecimentos e a educação, pela formação integral da pessoa.

Assim, é de se perguntar se as agências formadoras de professores já estão preparando profissionais nesse sentido, para que possam atuar na direção de transmitir conteúdos e interagir para a formação integral do ser humano por meio do papel de educador.

É nesse contexto que nos preocupamos em realizar este estudo, que apresenta duas faces da mesma moeda: uma, a preocupação com a formação de professores na linha reflexiva, proposta por Schön; e outra, a ação reflexiva dos professores na disciplina de Língua Portuguesa.

Dessa forma, ao expormos este estudo, apresentamos uma situação altamente constrangedora, que é a da formação do professor de Língua Portuguesa num contexto social altamente complexo, que exige, de imediato, a opção e adoção de posturas e concepções, nem sempre claras, nas suas intenções e linhas de ação. Se a formação de professores, de uma forma geral, é algo complexo e que demanda uma reflexão e mudança urgentes no processo, o que se dizer da formação de professores em Língua Portuguesa, uma vez que é por meio do objeto de ensino dessa disciplina que ocorre o ensino de outras disciplinas?

Não se pode, portanto, pensar em ação reflexiva sem pensar em formação de professores. Naturalmente, este estudo não tem a pretensão nem o alcance de uma análise ou uma proposta completa de ação, constituindo-se, na realidade, em uma provocação, que pode sinalizar a necessidade de mudanças e as possibilidades e limites que se pode ter nessa proposta. Para isso, é necessário pensar no tipo de formação a que são submetidos, ou a que se submetem, os profissionais que vão atuar no campo da educação, especialmente, no nosso caso, os de Língua Portuguesa.

Naturalmente, seria necessário um estudo analítico e exaustivo dos currículos de formação de professores de Língua Portuguesa nas últimas décadas, bem como uma profunda reflexão sobre o discurso do ensino da referida disciplina produzido nas escolas e nos sistemas de ensino ao longo dos últimos anos. Neste estudo, fazemos breves anotações a respeito, não incursionando por análises mais detalhadas, porque, na verdade, estas não são o objetivo final desta reflexão.

Nesse sentido, seria necessário que estabelecêssemos critérios de avaliação com componentes teóricos e políticos que envolvessem as propostas curriculares de ensino de Língua Portuguesa. Por isso, o que apresentamos, neste estudo, é um exercício de reflexão que busca uma ligação entre a formação dos professores e a ação na sala de aula. Daí nossa opção por uma abordagem mais genérica e interpretativa da prática observada ao longo da pesquisa realizada nas escolas que participaram do estudo, apresentando ao nosso leitor uma descrição sucinta da formação e da ação de professores em Língua Portuguesa.

As mudanças pelas quais passa a sociedade brasileira desde as últimas décadas do século XX e no início do século XXI provocam reflexos significativos na escola, uma vez que esta é uma representação microssocial e, portanto, sofre influências do meio. O perfil do professor, o discurso teórico, o discurso político sobre a escola e da escola são componentes que interferem definitivamente nas propostas curriculares e, como consequência, na ação do professor de Língua Portuguesa.

Não podemos jamais perder de vista que questões como o ensino e a aprendizagem da Língua Portuguesa se tornam basilares no discurso público da necessidade de mudanças na escola. Discussões ligadas aos conteúdos de ensino como a oralidade, a leitura e a produção de textos passam a dominar o cenário do ensino da referida disciplina e a orientar a produção teórica de pesquisas na área.

Assim, as agências formadoras de professores passam a ter algumas preocupações sobre as concepções de ensino, de aprendizagem, de conteúdos que orientam a elaboração dos currículos escolares e a ação dos professores.

O ensino de Língua Portuguesa é atualmente perpassado por uma discussão profunda sobre o ensino tradicional da leitura, da escrita e, especialmente, da gramática. Paradigmas estabelecidos com ideias arraigadas na tradição da repetição e da imitação do processo de ensino acabam levando à reflexão e às propostas de mudança, pois a escola percebe que os resultados que vem conseguindo com o tipo de ensino que pratica não são os mais animadores e sinalizam um fracasso espetacular do ensino da língua materna. Basta, para isso, ficarmos atentos para a divulgação de "pérolas" encontradas nos textos produzidos pelos alunos nos vestibulares e que os "cursinhos" fazem questão de mostrar na mídia para justamente confirmar o fracasso da escola regular. Fracasso que poderia encontrar como explicação a adoção de um ensino que insistiu em estudar a gramática como um conteúdo autônomo, com finalidade em si mesmo e que, na maioria das vezes, foi um ensino sobre a Língua Portuguesa, e não de Língua Portuguesa.

Outra questão envolvida na discussão sobre o ensino de Língua Portuguesa acabou atendo-se mais à nomenclatura utilizada nos currículos do que propriamente às práticas de ensino, o que, na maioria das vezes, redundou em novo fracasso, pois, apesar de propostas inovadoras serem apresentadas, estas não conseguiram romper a barreira imposta pela tradição escolar em estabelecer conteúdos estanques e isolados das práticas sociais.

Nesse sentido, parece ser importante estarmos atentos para o elo que se pretende estabelecer neste estudo, ou seja, a relação entre a formação (inicial ou continuada) dos professores e suas práticas pedagógicas.

Dito isso, pensamos que, por meio deste estudo centrado, como dissemos anteriormente, na prática do professor de Língua Portuguesa no ensino fundamental e médio, no âmbito da escola pública de Pato Branco-PR, podemos contribuir para a reflexão a respeito da formação e, especialmente, da ação de professores reflexivos, com ênfase na reflexão na ação – o "pensar o que fazem enquanto fazem" – e a consequente interferência na prática pedagógica, ou seja, no cotidiano escolar. De maneira muito particular, busca-se investigar as possibilidades e os limites de tal ação com professores de Língua Portuguesa.

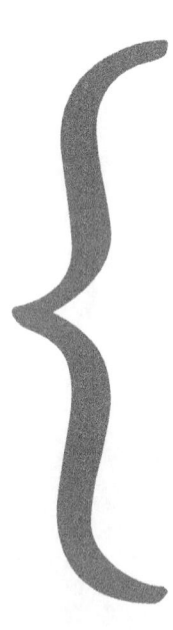

\# um   fundamentos teórico-metodológicos do estudo: pesquisa-ação – uma aproximação

dois   discutindo a formação de professores: um breve olhar

três   propostas de formação de professores: um possível diálogo com Schön, Nóvoa, Perrenoud, Alarcão e Freire

quatro   o fazer e o pensar do professor de Língua Portuguesa: relato de uma aproximação da pesquisa-ação

cinco   construção de uma nova possibilidade de ensinar/aprender Língua Portuguesa

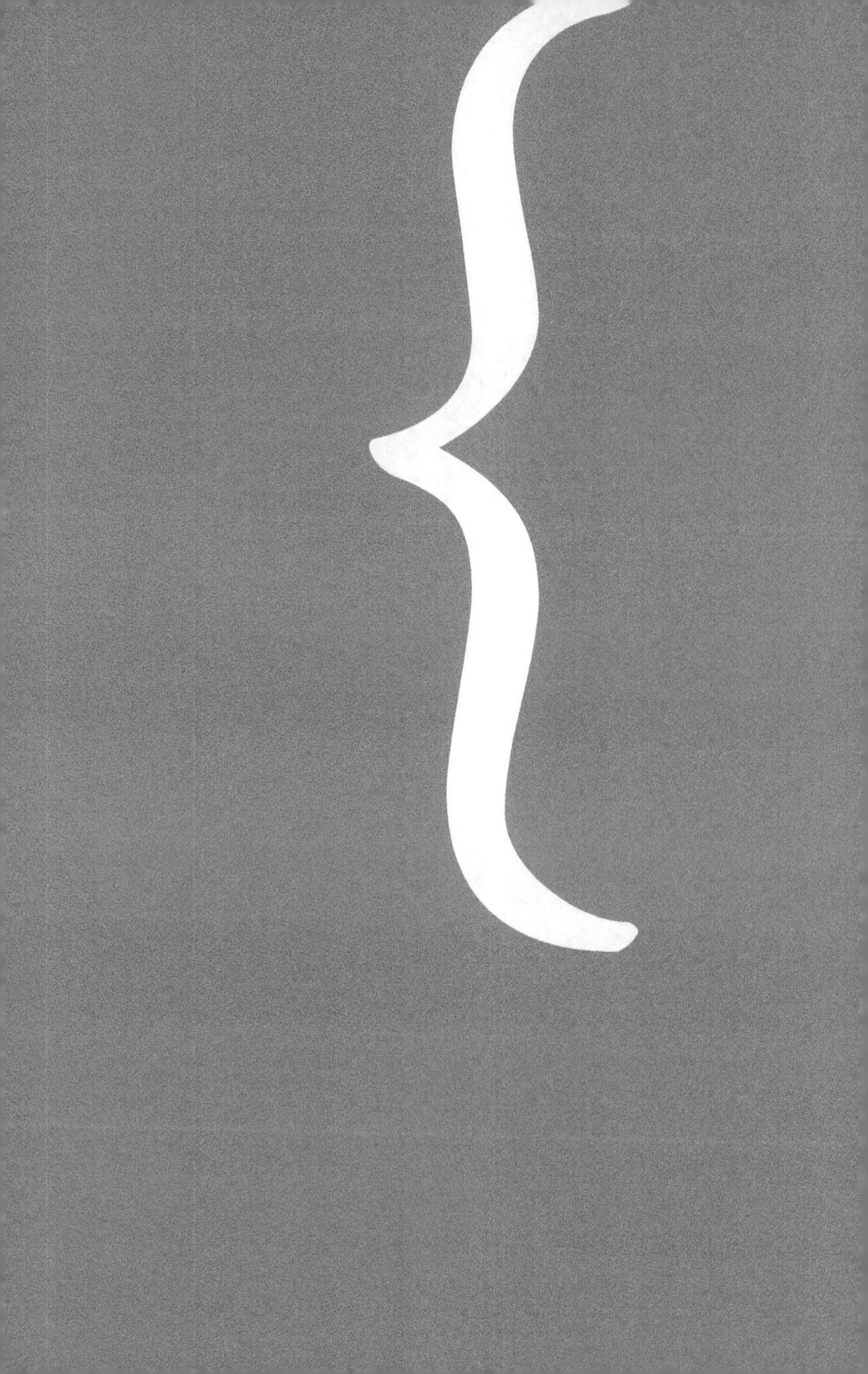

NESTE CAPÍTULO, TRATAREMOS da opção e ação metodológicas do estudo que nos propomos a apresentar neste livro, traçando os passos percorridos para a coleta dos dados que compõem o processo da pesquisa.

umpontoum
Origens do estudo

A discussão que apresentamos tem suas origens na nossa formação, quando na década de 1970 frequentamos a escola superior e nos graduamos no curso de Letras. Já naquela época, havia questionamentos que foram acumulando-se ao longo do processo de formação e de atuação no magistério. Deveria haver uma forma mais eficaz de se trabalhar. Certamente, as buscas, muitas vezes, foram decepcionantes, com receituários e discussões teóricas e práticas nem sempre compreendidas.

Procuramos, na medida do possível, aprofundar os conhecimentos e fomos compreendendo que as causas do fracasso escolar estão, em parte, na formação e na ação do professor. O ambiente ecológico* da sala de aula transformou-se rapidamente, trazendo aspectos inusitados e incompreendidos para o professor, que continua a aplicar as mesmas receitas dos anos de 1980 ou de 1990 num mundo que passou rapidamente da globalização para a mundialização.

Fomos percebendo aos poucos que, na verdade, somos mal formados e mal informados. Esse desafio é que nos incita a buscar saídas para a questão da prática pedagógica da sala de aula. É certo que têm surgido propostas diferentes no que se refere à formação e à ação de professores nos mais diversos países.

O que podemos observar, porém, é que as preocupações sinalizam, de maneira geral, o fato de que o educador precisa ser formado tendo "como eixo de referência o desenvolvimento profissional dos professores, na dupla perspectiva do professor individual e do coletivo docente" (Nóvoa, 1992, p. 24).

Ao considerarmos o profissional nessa dupla perspectiva, evidentemente entendemos que a formação do professor deve levar em conta a individualidade, a pessoa do professor numa formação crítico-reflexiva, ao mesmo tempo que devemos enxergá-lo como membro de uma sociedade na qual ele atua, influi e é influenciado. Nias, citado por Nóvoa (1992, p. 25), diz que "o professor é pessoa. E uma parte importante da pessoa é o professor", fato que exige urgência no trato dessa dupla dimensão nas escolas de formação de professores, permitindo a interação entre as dimensões profissionais e pessoais.

---

* Nesta obra, a expressão *ambiente ecológico* pressupõe a interação entre os pares no contexto de sala de aula.

> A organização do currículo de formação de professores parece, por vezes, se não na maioria delas, ignorar essa dupla existência de papéis na atuação dos professores, o que tem levado à elaboração de currículos altamente técnicos, metodológicos, teóricos, bem como à falta de consideração de experiências pessoais significativas, situação que parece ser extremamente paradoxal, pois uma pessoa só se forma de fato como profissional quando leva em conta suas experiências significativas.
> Por outro lado, as experiências pessoais e o valor social da intervenção pessoal do professor são ignorados pela escola, que cobra do educador apenas o cumprimento do que está estabelecido no currículo escolar, o qual, via de regra, se orienta pelos livros didáticos adotados. Nessa perspectiva, não há qualquer preocupação com a ação reflexiva nem com a reflexão do professor na e sobre a ação desenvolvida na sala de aula e em suas relações com o cotidiano social.

Assim, a proposta deste estudo apresentou como questão norteadora da pesquisa a ação do professor prático-reflexivo na disciplina de Língua Portuguesa, questionando-se as possibilidades e limites desta proposta de ação. É importante frisar que, apesar de centrada na ação do professor de Língua Portuguesa, a pesquisa possibilita a transferência da compreensão obtida para outras áreas. A investigação desenvolveu-se com a participação das professoras de Língua Portuguesa de duas escolas da rede estadual de ensino da cidade de Pato Branco-PR: Colégio Estadual de Pato Branco (EFM)* e Colégio Estadual Professor Agostinho Pereira (EFM).

As atividades de pesquisa foram realizadas com 6 (seis) professoras de Língua Portuguesa, as quais atuavam em turmas das antigas quinta a oitava séries do ensino fundamental e nas três séries do ensino médio das escolas participantes do estudo.

---

* Ensino fundamental e médio.

Optamos por essa participação por uma questão de praticidade, uma vez que as professoras dessas turmas decidiram fazer parte de um programa de estudos, visando aperfeiçoar suas formações, para posteriormente atuarem na perspectiva reflexiva na sala de aula.

O programa de estudos foi uma decisão do Seminário Central, que aprovou a atividade por meio de encontros semanais de estudo sobre a prática reflexiva. Esses estudos foram realizados em 40 (quarenta) encontros, nos quais eram discutidas as ideias dos autores selecionados para o estudo, que, diga-se de passagem, traziam contribuições à referida pesquisa que se desenvolvia. A forma de organizar o estudo foi a mais variada possível, com seminários, atividades em grupo e estudos de caso.

umpontodois
Por que a ação do professor de Língua Portuguesa?

Como dissemos anteriormente, nossa atividade docente se dá na disciplina de Língua Portuguesa, sendo essa a razão primeira para realizarmos o presente estudo. Posteriormente, objetivamos investigar quais as possibilidades e os limites de uma ação prática reflexiva na sala de aula, especificamente na referida disciplina. Esse desejo pode constituir-se em contribuição para outros profissionais que, como nós, mesmo em outras áreas, querem modificar a ação pedagógica da sala de aula, viabilizando uma ação mais de acordo com a realidade e os contextos nos quais alunos e professores estejam envolvidos.

Outros objetivos práticos propostos pelo grupo participante da pesquisa foram perseguidos ao longo do estudo, tais como:

- analisar as concepções de formação de professores presentes na ação pedagógica das escolas envolvidas na pesquisa;
- verificar como se processa a relação entre formação de professores, prática pedagógica na sala de aula e formação reflexiva de professores de Língua Portuguesa;
- refletir sobre as possibilidades, limites e perspectivas da prática reflexiva na ação de professores nas escolas selecionadas para a pesquisa, contribuindo para a discussão e tomada de posição dos professores envolvidos no trabalho realizado.

Ao delinearmos o estudo, parecia ser relevante compreendermos o próprio olhar para a situação do ensino de Língua Portuguesa na atualidade. Pensamos ser importante que o ensino de Língua Portuguesa se dê na imersão da ação prática do uso da língua em uma perspectiva que supere a concepção utilitarista de linguagem ou, ainda, a concepção de instrumento de comunicação, pois é preciso ir além; é necessário compreendermos a língua como ferramenta possibilitadora de acesso ao mercado de trabalho e aos bens e serviços sociais, bem como prática social no meio em que vivemos, levando em consideração os diversos contextos em que estamos inseridos. Por isso, a ação que se propõe leva em conta a experiência pessoal de atividade na disciplina, seja no ensino fundamental e médio, seja no ensino superior.

Também é preciso considerar que a sociedade tem a língua como elemento catalisador de seus próprios processos de experiência nos mais diversos campos. Por isso a importância do domínio prático de uso da língua: não para se sobrepor aos demais componentes do grupo social, mas para compreender os pensamentos, as ideias e contribuir para o desenvolvimento social.

O ensino de Língua Portuguesa nas escolas de ensino fundamental e médio tem passado, nos últimos tempos, por muitas reformulações, mas este ainda depende muito do "olhar" que o profissional tem sobre sua própria ação e sobre a importância da disciplina no contexto da formação da pessoa. Assim, parece ser fundamental investigar essas ações em linguagem para poder contribuir para a discussão a respeito do ensino da língua materna.

Tendo isso em vista, muitos estudos têm sido publicados sobre o ensino nos últimos anos. As instituições de ensino superior que se dedicam à formação de professores têm tido posições de abertura para o debate e a discussão em torno do assunto, o que tem estimulado enormemente a realização de pesquisas e de estudos sobre a ação dos professores de Língua Portuguesa.

> A relevância do tema privilegiado nesta obra advém do fato de que a ação reflexiva do professor de Língua Portuguesa conduz a diversas interrogações, como as dificuldades genéricas inerentes a um ensino prático-reflexivo e as possibilidades e limites dessa ação num contexto de formação de professores ainda eivado de concepções positivistas e, até certo ponto, céticas com relação à *performance* dos estudantes.

Além disso, é preciso lembrar que os profissionais da educação estão vinculados a um sistema de ensino tradicional, representado pelas escolas da rede de ensino em que atuam, e que essa pesquisa poderá contribuir para uma possível mudança de olhar sobre a prática de ensino de Língua Portuguesa no desempenho dos professores das unidades nas quais a pesquisa foi desenvolvida.

Diante do exposto, pensamos como Nóvoa (1992, p. 27) ao considerarmos que "importa valorizar paradigmas de formação que promovam a preparação de professores reflexivos, que assumam a responsabilidade do seu próprio desenvolvimento profissional e que participem como protagonistas na implantação das políticas educativas".

> Ora, sabemos, por experiência própria, que não é bem isso que ocorre no Brasil. Mesmo que o professor seja egresso de um programa de educação na linha proposta por Nóvoa, na prática educacional brasileira, o professor não é, na maioria das vezes, protagonista de sua própria formação continuada e/ou das políticas educacionais.

Tendo essas reflexões como suporte inicial, justificamos a opção de investigar as possibilidades e os limites de uma prática de ação reflexiva.

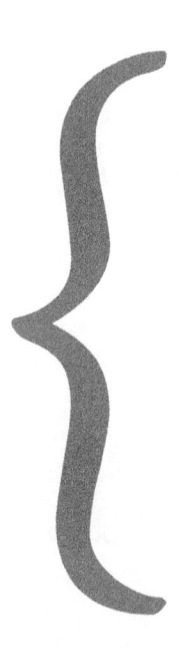

um fundamentos teórico-metodológicos
    do estudo: pesquisa-ação – uma aproximação

dois discutindo a formação de professores: um breve olhar

três propostas de formação de professores:
      um possível diálogo com Schön, Nóvoa,
      Perrenoud, Alarcão e Freire

quatro o fazer e o pensar do professor de Língua
        Portuguesa: relato de uma aproximação
        da pesquisa-ação

cinco construção de uma nova possibilidade
       de ensinar/aprender Língua Portuguesa

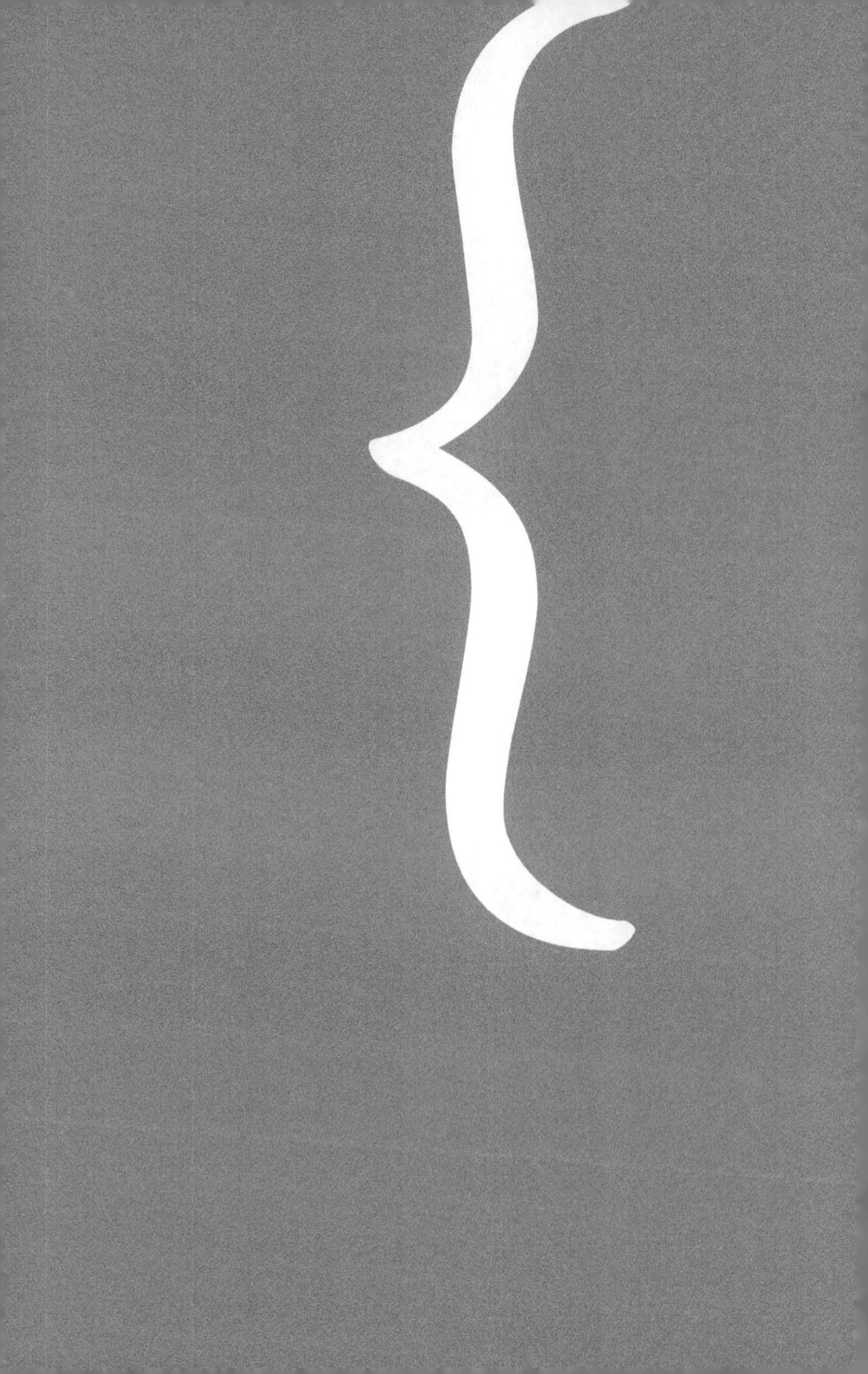

⁂ NESTE CAPÍTULO, TRAZEMOS uma breve reflexão sobre o conceito de formação e o entendimento que temos do tema *formação de professores*.

doispontoum
Sobre o conceito de formação

Inicialmente, parece ser importante discutir o conceito de formação que adotamos neste estudo. Esse conceito, por si só, é bastante complexo e diverso, existindo sobre ele inúmeras posições conceituais e muito pouco acordo em relação às suas formas de aplicação e utilização prático-teórica.

Segundo Garcia (1999), na França e na Itália, o termo *formação* é utilizado para se referir à educação, à preparação, ao ensino dos professores. Já nos países de influência anglófona, o termo preferido é *educação* – *teacher education* – ou, ainda, *treino* – *teacher training*.

> De acordo com Menze (1981), existem três tendências contrapostas em relação ao conceito de formação:
>
> - A primeira tendência considera que é impossível utilizar o conceito de formação como pertencente a uma linguagem técnica em educação, em razão do uso tão viciado do termo, bem como sustentar a suspeita de utilização ideológica do referido conceito, por haver várias significações para o uso do citado vocábulo.
>
> - A segunda tendência seria a de "utilizar o conceito formação para identificar conceitos múltiplos e por vezes contraditórios" (Menze, citado por Garcia, 1999, p. 19, grifo do original).
>
> - A terceira tendência pressupõe que não tem sentido eliminar o referido termo, visto que, para o já citado Garcia (1999, p. 19), "formação não é nem conceito geral que englobe a educação e o ensino, [sic] nem tão pouco está subordinado a estes". Diante disso, podemos dizer que o vocábulo *formação* refere-se geralmente a alguma atividade que trate de formação para algo, podendo "ser entendida como uma função social de transmissão de saberes, de saber-fazer ou do saber-ser que se exerce em benefício do sistema socioeconômico, ou da cultura dominante" (Garcia, 1999, p. 19, grifo do original).

Ferry (citado por Garcia, 1999, p. 19, grifo do original) considera que "a formação pode ser [também] entendida como um processo de desenvolvimento e de estruturação da pessoa, que se realiza com o duplo efeito de uma maturação interna e de possibilidades de aprendizagem, de experiências dos sujeitos". Muitas outras perspectivas podem ser analisadas sobre o conceito de formação e boa parte delas associa a formação ao conceito de desenvolvimento pessoal. Nesse sentido, nas palavras de Zabalza (citado por Garcia, 1999, p. 19), *formação* consiste no "processo de desenvolvimento que o sujeito humano percorre até atingir um estado de plenitude pessoal". Ainda para Ferry (citado por Garcia, 1999, p. 19), "formar-se nada mais é senão um trabalho sobre si mesmo, livremente imaginado, desejado e procurado, realizado através de meios que são oferecidos ou que o próprio procura".

Como se percebe, para os autores citados, há um componente pessoal que não poder ser descartado ao se pensar o significado de *formação*, uma vez que se nota que não concorrem apenas componentes técnicos ou instrumentais do saber-fazer, o que nos faz perceber que o sentido do termo no contexto desta obra pressupõe um processo de aprendizagens significativas que envolvem experiências, metas e valores.

doispontodois
A formação de professores

Um assunto que está presente nas discussões de sala de professores é certamente a questão da competência ligada à formação dos docentes. Aliás, essa palavra, hoje, parece que está muito presente no discurso pedagógico. A questão da competência tem gerado muitas propostas e tem sido tema de debates que sinalizam a necessidade de se compreender que o ensino, a docência, é uma profissão e, como tal, precisa ser considerado em todos os seus aspectos, podendo ser eles científicos, técnicos, éticos ou de quaisquer outros que interfiram no desempenho e no processo da compreensão da profissão.

Assim, é importante que algumas concepções sejam aqui apresentadas a fim de que possamos delinear o quadro teórico adotado. Kincheloe (1997), ao referir-se aos paradigmas adotados para a formação de professores pelas faculdades de educação ao final do século XX, considera que são fundamentalmente quatro os paradigmas que orientam a ação educacional dessas instituições, a saber: (1)

behaviorístico, (2) personalístico, (3) artesanal tradicional e (4) orientado para a pesquisa.

> As quatro linhas anteriormente citadas podem ser sintetizadas da seguinte forma:
> - Perspectiva behaviorística: Os formandos aprendem conhecimentos, habilidades e competências que são pensados como sendo os mais importantes segundo o entendimento dos especialistas sobre o que seja bom ensino.
> - Perspectiva personalística: Apoia-se na teoria psicológica e tende a privilegiar a habilidade do professor para reorganizar as percepções e crenças sobre o ensino de comportamentos particulares e de conhecimentos específicos e habilidades.
> - Modelo de artesanato tradicional: Considera "os professores como artesãos semiprofissionais que [...] [ganham] competência [...] [por meio] de um aprendizado tipo-experiência" (Lagar, 2011, p. 4).
>
> Os três paradigmas citados anteriormente defendem "a definição da educação do professor dentro de um contexto sociopolítico que é imutável e que, por isso, falha ao considerar a batalha pela democracia e justiça social" (Kincheloe, 1997, p. 200).
>
> - Perspectiva da educação orientada para a pesquisa: Dá ênfase às habilidades de investigação sobre ensinar e os contextos multidimensionais presentes na ação pedagógica. Nessa proposta de educação, as habilidades técnicas de ensino não são consideradas primordiais, mas como meios para fins mais amplos. Nessa perspectiva, os postuladores do paradigma orientam a formação do professor no sentido de uma tentativa de formar profissionais com habilidades "de ensino para ensinar, com habilidades de pesquisa para analisar o que eles estão fazendo com os alunos, com a escola e com a sociedade" (Kincheloe, 1997, p. 200).

Podemos dizer que a preocupação com a formação de professores é algo que se confunde com o próprio processo educacional. Garcia (1999, p. 22) considera que "a formação de professores se define simplesmente com a educação daqueles que vão ser professores. A sua história coincide com a história da educação", dizendo ainda que "a formação de professores nada mais é do que ensino profissionalizante para o ensino" (1999, p. 22). Nesse entendimento, podemos considerar, então, que se trata de uma atividade intencional, que se destina a preparar indivíduos para exercer uma profissão – a de educar as novas gerações.

Ferry (1991, p. 43) diz que a formação de professores significa "um processo de desenvolvimento individual destinado a adquirir ou aperfeiçoar capacidades". Dessa forma, Ferry (citado por Garcia, 1999) considera que a formação de professores diferencia-se de outras atividades em três dimensões: a primeira trata de uma dupla perspectiva, na qual é preciso combinar a formação acadêmica (científica, literária, artística) com a formação pedagógica; na segunda, a formação de professores é uma modalidade de formação profissional; na terceira, a formação de professores é uma formação de formadores, isto é, uma atividade que prepara profissionais que vão atuar com outros profissionais, preparando-os para a atividade da docência.

Para Garcia (1999, p. 23), "a formação de professores representa um dos elementos fundamentais através dos quais a Didática intervém e contribui para a melhoria da qualidade de ensino". Nesse sentido, pode-se compreender a discussão sobre a questão da competência, pois esse fator está ligado ao desempenho do profissional e à melhoria da qualidade do ensino praticado pelo docente. Para Sacristán (citado por Garcia, 1999, p. 23), a formação de professores é "uma das pedras angulares imprescindíveis em qualquer tentativa de renovação do sistema educativo". Assim, podemos conceber a formação de professores como a etapa decisiva da mudança da qualidade de ensino praticado em determinado sistema educacional.

> É possível considerarmos, segundo os autores citados, que a formação de professores deve propiciar um desenvolvimento de um estilo próprio de ensino e de reflexão capaz de levar os alunos a atribuírem significados aos fatos do cotidiano, de maneira a relacioná-los com suas vivências, proporcionando, dessa forma, a aprendizagem significativa.

Por outro lado, essa ação parece ser condicionada ao fato de se trabalhar em equipe num contexto de ação diferenciada do simples cumprimento de um programa curricular de formação profissional.

Ainda podemos considerar que os autores citados defendem uma ideia de um profissional reflexivo e inovador, o que leva aos conceitos de um profissional capaz de tomar decisões, de refletir na e sobre a ação, enfim, de caminhar na direção do professor reflexivo.

As considerações anteriores certamente se ligam à problemática da formação e ação de professores na linha reflexiva, pois a educação investigação-ação-reflexiva é o cerne da reconceitualização crítica da educação, pois a reflexão, nesse caso, é um meio de tornar problemático o conhecimento, o que cria, dessa forma, situações nas quais os professores podem explorar, criticar e refletir sobre seu conhecimento tácito, suas experiências na escola, suas crenças sobre o ensino e as relações determinadas no contexto social em que atuam.

doispontotrês
Formação docente no Brasil: uma breve pincelada

Apresentadas as considerações tratadas anteriormente, parece ser interessante incursionar, neste ponto do texto, numa breve discussão sobre a questão da formação de professores no Brasil.

Como se sabe, no Brasil, as licenciaturas foram criadas na década de 1930, em pleno século XX, com a finalidade de preparar profissionais para atuarem na escola secundária. Na concepção da época, prevalecia o modelo de racionalidade técnica, pois a formação era de um ano para as disciplinas pedagógicas e de três anos para as disciplinas de conteúdos (Candau, 1987, p. 11).

Nesse contexto, "o professor é visto como um técnico, um especialista que aplica [...] na sua prática cotidiana [...] regras que derivam [...] [de um] conhecimento científico e do conhecimento pedagógico" (Pereira, J. E. D., 1999, p. 111). Podemos considerar que, a rigor, esse modelo não foi ainda totalmente descartado nas universidades brasileiras.

Outro modelo presente nas instituições de formação de professores é o da racionalidade prática, no qual, segundo Pereira, J. E. D. (1999, p. 113),

> *O professor é considerado um profissional autônomo, que reflete, toma decisões e cria durante sua ação pedagógica, a qual é entendida como um fenômeno complexo, singular, instável e carregado de incertezas e conflitos de valores. De acordo com essa concepção, a prática não é apenas* locus *da aplicação de um conhecimento científico e pedagógico, mas espaço de criação e reflexão, em que novos conhecimentos são constantemente gerados e modificados.*

Esse modelo de formação pressupõe que o contato com a prática docente deve ser feito desde os primeiros momentos do curso de formação. Dessa prática podem surgir problemas e questões que são discutidas nas disciplinas teóricas.

No Brasil, há uma lógica chamada de *lógica da improvisação*, como se pode observar pela aplicação de leis e regulamentos a respeito da formação de professores. A própria Lei de Diretrizes e Bases da Educação Nacional – Lei nº 9.394, de 20 de dezembro de 1996

(LDBEN/1996, Brasil, 1996) –, em seu art. 63, inciso I, e art. 65, bem como o Parecer do Conselho Nacional de Educação nº 4, de 11 de março de 1997 (Brasil, 1997), institucionalizam a improvisação quando profissionais de outras áreas são transformados em professores.

> A LDBEN/1996, em seu art. 62, estabelece que há apenas dois tipos de instituições autorizadas a promover a formação de profissionais para atuar na educação básica no Brasil: as universidades e os institutos superiores de educação. Além de a referida lei estabelecer o funcionamento dos institutos, o Conselho Nacional de Educação (CNE) tem emitido pareceres no intuito de normatizar e regulamentar o funcionamento dos estabelecimentos de formação superior fornecendo as diretrizes gerais de funcionamento e atuação.

Pensar a formação de professores no Brasil para os diversos contextos sociais implica reconhecer a necessidade de formação heterogênea, mantendo-se, no entanto, pontos de convergência que garantam certa unidade de pensamento, de cultura e de ação pedagógica. Além disso, o Ministério da Educação (MEC), por meio da Proposta de Diretrizes para a Formação Inicial de Professores da Educação Básica em Cursos de Nível Superior, reconhece que:

> *No mundo contemporâneo, o papel do professor está sendo questionado e redefinido de diversas maneiras. Para isso concorrem as novas concepções sobre educação, as revisões e atualizações nas teorias de desenvolvimento da aprendizagem, o impacto da tecnologia da informação e das comunicações sobre os processos de ensino e de aprendizagem, suas metodologias, técnicas e materiais de apoio.* (Brasil, 2000, p. 5)

Para o MEC, esse cenário exige uma nova demanda de professores, que, por sua vez, não estão sendo preparados adequadamente para agirem num contexto complexo como o que se apresenta. Por isso, o referido ministério propõe um novo tipo de preparação, um novo tipo de formação de professores que possam agir no sentido de:

- *orientar e mediar o ensino para a aprendizagem dos alunos;*
- *responsabilizar-se pelo sucesso da aprendizagem dos alunos;*
- *assumir e saber lidar com a diversidade existente entre os alunos;*
- *incentivar atividades de enriquecimento curricular;*
- *elaborar e executar projetos para desenvolver conteúdos curriculares;*
- *utilizar novas metodologias, estratégias e materiais de apoio;*
- *desenvolver hábitos de colaboração e trabalho em equipe.*
(Brasil, 2000, p. 5)

Ora, se é assim, é preciso que as instituições de ensino superior que formam professores se apropriem das diretrizes para poder propor uma educação de qualidade, que vise, em primeiro plano, à formação dos professores. Nesse sentido, parece-nos que a responsabilidade pela qualidade de ensino passa pela proposta de construção de um currículo mínimo para a formação de professores que contemple as necessidades básicas do conhecimento e do contexto social atual.

Podemos afirmar que, segundo a proposta do MEC, as universidades e os cursos de formação de professores deverão preocupar-se com a formação própria do professor desde o primeiro ano e em tempo integral. A referida proposta apresenta-se para a formação inicial; agora, é preciso também se preocupar com a formação continuada, ou com a formação em serviço, para que os professores não atuem de forma dicotômica, ou seja, apartando a realidade da prática.

doispontoquatro
O processo de formação e a questão da prática reflexiva

É muito comum o discurso, entre os profissionais da educação, de que a prática é diferente da teoria. Essa dicotomia parece acompanhar a grande maioria dos profissionais da educação. É também senso comum afirmar que é preciso encontrar meios de se perceber a relação teoria-prática no processo de formação de professores. Boa parte dos discursos faz referência às concepções adotadas pelas escolas de formação de professores ou pelos próprios professores no seu cotidiano profissional.

> Ora, para tornar possível a transformação da realidade, é preciso que o processo de formação do professor seja uma formação teórico-prática que provoque a reflexão da mudança que se espera da ação desenvolvida pelo educador na sala de aula. Desse modo, formar professores reflexivos exige mais do que ensinar a "pensar".

Nessa discussão, inevitavelmente vem à tona a questão da filosofia na concepção de compreensão do mundo e da ação que essa compreensão determina. Assim, parece claro que os professores apresentam uma filosofia do conhecimento e uma filosofia da prática. A filosofia do conhecimento diz respeito ao domínio intelectual, ao conhecimento teórico a respeito de determinado assunto, enquanto a filosofia da prática diz respeito à ação, ao desempenho, ao fazer do professor.

> Neste estudo, optamos pela filosofia da prática na linha conceitual de Marx, ou seja, na direção de uma atitude transformadora da natureza e da sociedade por meio do processo educacional. Com base nas considerações de Vázquez (1977, p. 117), entendemos que "a relação entre teoria e práxis é

> para Marx teórica e prática: prática, na medida em que a teoria, como guia da ação, molda a atividade do homem, particularmente a atividade revolucionária; teórica, na medida em que essa relação é consciente".

No que concerne à sala de aula, a ação do professor se revela como teórica e prática. Teórica na medida em que o educador é capaz de arranjar seus conhecimentos e traduzi-los em força de ação no cotidiano da sala e, enquanto ensina, não apenas transmite conhecimentos prontos, mas é capaz de provocar a construção e reconstrução de ideias e ações que possam modificar não só o pensamento, mas, via de consequência, a ação social, tornando-se assim uma educação transformadora. Isso naturalmente implica a ideia de transformação social, que precisa ser concebida como uma verdadeira filosofia da práxis que exige a transformação da realidade. Para Vázquez (1977, p. 125), "se a realidade tem que ser modificada, a filosofia não pode ser instrumento teórico de conservação ou justificação da realidade, mas sim de sua transformação".

> Ao estabelecer a discussão entre a teoria e a prática, Marx sinaliza a transformação do mundo e do ser humano adotada por Hegel, no sentido da compreensão de que o indivíduo é produto de seu próprio trabalho, levando à ideia da produção do ser humano pelo trabalho e da negação deste também pelo trabalho. Para resolver essa questão, Marx vai além e apresenta o tema da alienação do ser humano pelo trabalho. Com referência à formação de professores, parecem ser de grande importância esses conceitos, pois a sala de aula pode ser um espaço privilegiado de transformação ou de alienação do ser humano, dependendo da ação realizada pelo professor.

Isso nos leva a aceitar o que considera Vázquez (1977), ao discutir a práxis espontânea e a práxis reflexiva. O autor considera, tomando por base Marx, que "toda vida social é essencialmente prática"

(1977, p. 245). Em outras palavras, o autor considera que essa totalidade prático-social

> *Pode ser decomposta em diferentes setores, se levarmos em conta o objeto ou material sobre o qual o homem exerce sua atividade prática transformadora. Se a práxis é ação do homem sobre a matéria e criação – através dela – de uma nova realidade humanizada, podemos falar de níveis diferentes de práxis, de acordo com o grau de penetração da consciência do sujeito ativo no processo prático e com o grau de criação ou humanização da matéria transformada evidenciado no produto de sua atividade prática.* (Vázquez, 1977, p. 245)

Por meio dessa concepção, Vázquez apresenta a ideia de práxis criadora, ou imitativa, práxis reflexiva e práxis espontânea. Diz o autor que essas distinções não eliminam os vínculos mútuos entre uma e outra práxis e que estas não são imutáveis. Para o processo de formação de professores, no nosso entendimento, parece ser de capital importância entender essas relações, uma vez que, nos dizeres de Vázquez (1977, p. 246),

> *A práxis se apresenta ou como práxis reiterativa, isto é, em conformidade com uma lei previamente traçada, e cuja execução se reproduz em múltiplos produtos que mostram características análogas, ou como práxis inovadora, criadora, cuja criação não se adapta plenamente a uma lei previamente traçada e culmina num produto novo e único.*

Parece que reside aí a essência da ação transformadora ou reprodutora da ação do professor. Na ação do cotidiano escolar, deparamo-nos frequentemente com o discurso da ação espontânea e da prática reflexiva. É comum ouvirmos dos professores que é preciso ensinar o aluno a pensar, refletir, produzir e sair do espontaneísmo, considerações que nos levam a admitir que há no meio educacional uma consciência clara da necessidade de mudança no processo de formação dos professores para que a ação transformadora possa ser considerada possível por meio do processo educacional.

Assim, é preciso ter clareza de que é somente pela práxis reflexiva, sendo esta altamente consciente, que podemos viabilizar que a ação educativa tenha possibilidades de uma intervenção real no processo de transformação social.

Tendo em vista tais pressupostos, parece lícito afirmarmos que a formação de professores, no momento atual, tende a se transformar no ponto-chave da mudança educacional não só no Brasil, mas também em muitos outros países do Ocidente. Para que isso ocorra de fato, é necessário que tenhamos clara a concepção de reflexão, esforço para o qual muitos teóricos têm contribuído. Garcia (1992, p. 63) apresenta preocupação a respeito, afirmando que

> *Já referimos a nossa preocupação com a utilização indiscriminada do conceito de reflexão. É preciso alertar contra as atividades de formação de professores que se servem indevidamente deste conceito. Convém, por isso, estabelecer três diferenças e matizes. Geralmente os autores estabelecem três níveis diferentes de reflexão ou de análise da realidade circundante: técnica, prática e crítica.*

Ao explicar os três níveis, Alarcão (1996) diz:

> *O primeiro nível corresponde à análise das acções explícitas: o que fazemos e é passível de ser observado (andar na sala de aula, fazer perguntas, motivar...). O segundo nível implica o planejamento e a reflexão: planejamento do que se vai fazer, reflexão sobre o que foi feito, destacando o seu caráter didáctico (aqui pode incluir-se as reflexões sobre o conhecimento prático). Por último, o nível das considerações éticas, que*

passa pela análise ética ou política da própria prática, bem como pelas repercussões contextuais; este nível de reflexão é imprescindível para o desenvolvimento de uma consciência crítica nos professores sobre as suas possibilidades de acção e as limitações de ordem social e ideológica do sistema educativo.

É sob esse ângulo que pretendemos realizar este estudo, tendo ainda como pressupostos teóricos as posições de Schön, o qual considera que um professor reflexivo "tem a tarefa de encorajar e reconhecer, e mesmo de dar valor à confusão dos seus alunos. Mas também faz parte das incumbências encorajar e dar valor à sua própria confusão" (Schön, 1992, p. 84). O autor alerta para a possibilidade de confronto com a burocracia escolar ao se estabelecer um programa de formação de professores para a prática reflexiva, e por isso recomenda:

> *Nesta perspectiva, o desenvolvimento de uma prática reflexiva eficaz tem que integrar o contexto institucional. O professor tem de se tornar um navegador atento à burocracia. E os responsáveis escolares que queiram encorajar os professores a tornarem-se profissionais reflexivos devem tentar criar espaços de liberdade tranquila onde a reflexão na acção seja possível. Estes dois lados da questão – aprender a ouvir os alunos e aprender a fazer da escola um lugar no qual seja possível ouvir os alunos – devem ser olhados como inseparáveis.* (Schön, 1992, p. 87)

Aqui reside um ponto fundamental deste estudo: a vontade da instituição escolar de permitir ou querer a formação de professores reflexivos, tendo em vista a compreensão do que significa tentar formar um professor para que este se torne mais capaz de refletir na e sobre a sua prática escolar cotidiana, pois, segundo Schön (1983), é aí que existe a possibilidade de se estabelecer um processo de reflexão na ação ou um "diálogo reflexivo" com a situação problemática concreta.

Para Gómez (1992, p. 103), é importante frisar que a "reflexão não é apenas um processo psicológico individual, passível de ser estudado a partir de esquemas formais, independentes do conteúdo, do contexto e das interações".

> É preciso que o professor tenha clareza quanto à sua inserção no mundo de sua experiência, um mundo que se apresenta carregado de sentidos, valores, conotações, intercâmbios, interações e, por isso mesmo, extremamente complexo e significativo. Assim, "a reflexão não é um conhecimento puro, mas sim um conhecimento contaminado pelas contingências que rodeiam e impregnam a própria experiência vital" (Gómez, 1992, p. 103).

Consideramos, ainda, como Gómez (1992, p. 106), que:

Quando o professor reflete na ação e sobre a ação [, este] converte-se num investigador na sala de aula e por isso não depende de técnicas, regras e receitas derivadas de uma teoria externa, nem das prescrições curriculares impostas do exterior pela administração ou pelo esquema preestabelecido no manual escolar.

Assim, conforme Zeichner (1993, p. 14), o que queremos neste estudo é "promover a causa da profissionalização dos professores em paralelo com a construção de uma sociedade mais justa e decente".

No entanto, é preciso estar atento para o significado das expressões *prático-reflexivo* e *ensino reflexivo*, que, nos últimos anos, têm sido adotadas em muitos países como *slogans* na reforma do ensino e na formação de professores.

Adotamos, nesta proposta, a prática reflexiva conforme o entendimento de Dewey, que definiu a ação reflexiva como "uma ação que implica uma consideração ativa, persistente e cuidadosa daquilo que se acredita ou que se pratica à luz dos motivos que o justificam e das consequências a que conduz" (Zeichner, 1993, p. 15).

> Para Dewey (citado por Zeichner, 1993), a reflexão não consiste em um conjunto de passos ou procedimentos específicos a serem usados pelos professores. Pelo contrário, é uma maneira de encarar os problemas e responder a eles, uma maneira de ser professor. Por isso, "a ação reflexiva também é um processo que implica mais do que uma busca de soluções lógicas e
>
> A reflexão implica intuição, emoção e paixão. Não é, portanto, nenhum conjunto de técnicas que possa ser empacotado e ensinado aos professores, como se tenta fazer.
>
> O referido filósofo e pedagogo norte-americano, citado por Zeichner (1993), estabelece três atitudes necessárias para a prática reflexiva: a abertura de espírito, a responsabilidade e a sinceridade. É necessário que os professores reflexivos se perguntem constantemente por que estão a fazer o que fazem na sala de aula. Em seguida, é preciso avaliar o seu ensino pelo viés de "gosto dos resultados", e não simplesmente pela ótica de que "atingi os objetivos".

Parece lícito considerarmos, então, como Zeichner (1993, p. 20, grifo nosso), que "a reflexão é um processo que ocorre antes e depois da ação e, em certa medida, durante a ação, pois os práticos têm conversas reflexivas com as situações que estão a praticar, enquadrando e resolvendo problemas *in loco*". Para Schön (citado por Grassi, 1999, p. 53), por sua vez, a reflexão se dá na ação: "Os professores reflexivos examinam o seu ensino tanto na ação como sobre ela. [...] Esses conceitos de reflexão na ação e sobre a ação baseiam-se num ponto de vista do saber, da teoria e da prática muito diferente do que tem dominado a educação".

Por isso, a proposta que estabelecemos aqui é, em primeiro lugar, a da perspectiva de que, no ensino reflexivo, a atenção do professor esteja tanto voltada para dentro, para a sua própria vida, como para fora, para as condições sociais nas quais se situa essa prática. Em segundo lugar, pensamos que a prática reflexiva seja uma tendência democrática e emancipatória, daí a importância dada às decisões do professor quanto a questões que levam a situações de desigualdade e injustiça dentro da sala de aula, postura que tem como consequência – o terceiro lugar – o compromisso com a reflexão como prática social.

doispontocinco
A formação de professores proposta pelo Ministério da Educação

Ao apresentar a Proposta de Diretrizes para a Formação Inicial de Professores da Educação Básica, em Cursos de Nível Superior (Brasil, 2000), o MEC reconhece que a formação dos professores ainda está baseada em moldes tradicionais com ênfase nos conteúdos.

    Ao reconhecer e analisar tal fato, o MEC considera que é inevitável que uma discussão sobre a formação de professores leve a uma tomada de decisões que terá de enfrentar problemas nos campos institucional e curricular. No campo institucional, o citado ministério considera, em primeiro lugar, que é necessário superar a segmentação da formação dos professores e a descontinuidade na formação dos alunos da educação básica. Para a referida instituição, é impossível o tratamento dicotômico dispensado à formação do professor atuante nos diversos níveis de ensino, pois, enquanto para o primeiro segmento da educação básica basta que o profissional de educação conte com o ensino médio completo, para a quinta série em diante se exige o curso superior, numa demonstração clara do tratamento dispensado pela educação brasileira à educação básica. Em segundo lugar, o Ministério diz que é preciso superar a submissão da proposta pedagógica à organização institucional, ou seja, chegou a hora de não mais se formar "licenciados" e "bacharéis", numa clara demonstração da importância que se dá à formação dos professores. Outro aspecto que precisa ser superado, segundo o MEC, é o isolamento das escolas de formação. Ora, uma escola é uma instituição situada, contextualizada, mas as ações que essas instituições praticam revelam uma separação clara entre o cotidiano, a prática social e a escola. Para o MEC, também é necessário superar o distanciamento entre os cursos de formação e o exercício da profissão de professor no ensino fundamental e médio. A escola precisa articular-se com a sociedade, com a comunidade na qual está inserida, uma vez que é produto dessa própria sociedade e não pode pretender viver isolada. Além disso, não existem mais escolas para que os professores em formação possam desenvolver a prática pedagógica, a não ser na modalidade de estágio, que, na maioria das vezes, é um verdadeiro "faz de conta" pedagógico.

> O Brasil apresenta um sistema interessante de ensino. Coexistem sistemas municipais, estaduais e federais, e as agências formadoras de professores têm evitado, na sua grande maioria, a construção de projetos educativos que formam seus professores para uma escola idealizada, longe da realidade em que se insere.

E, por último, ainda no campo institucional, de acordo com o MEC, a escola deve resolver o problema do distanciamento entre as instituições de formação de professores e os sistemas de ensino da educação básica.

Já no campo curricular, os problemas são em maior número e mais graves. Aponta o MEC para a superação de questões como:

- Desconsideração do repertório de conhecimento dos professores em formação: As instituições formadoras de professores agem como de resto o fazem as próprias escolas com relação aos seus alunos – não consideram nenhum conhecimento, nenhuma experiência e arrogam para si o dever de ensinar tudo a todos, desconsiderando os conhecimentos adquiridos ao longo da vida.

- **Tratamento inadequado dos conteúdos**: Por serem desvinculadas da realidade, do cotidiano escolar, as propostas de conteúdos não são planejadas, articuladas, pensadas pelos professores. Na grande maioria das vezes, quem decide os conteúdos são os autores dos livros didáticos, evidenciando-se a falta de um currículo escolar pensado e produzido com base na realidade da escola.

- **Desarticulação entre conteúdos pedagógicos e conteúdos de ensino**: A questão é muito delicada quando se trata da formação de professores, pois os conteúdos pedagógicos são vistos de forma dissociada dos conteúdos de ensino ou de aprendizagem, não mantendo com estes qualquer relação. Em se tratando dos cursos de licenciatura, a questão é mais nítida ainda, pois a formação se dá com dois blocos ou duas áreas – uma específica da formação e a outra com as disciplinas de formação geral e pedagógica.

- **Falta de oportunidade para desenvolvimento cultural**: A formação de professores se dá num vazio cultural, pois o acesso aos materiais culturalmente produzidos é absolutamente necessário para compor o quadro cultural de uma pessoa, acesso dificultado pelas condições socioeconômicas dos professores, o que complica ainda mais o quadro. Como a proposta do MEC sinaliza uma concepção de cultura presente nas ações da educação básica, por meio da construção da cidadania, é fundamental que a questão cultural seja resolvida.

- **Tratamento restrito da atuação profissional**: É preciso que as propostas de formação de professores contemplem a sala de aula como o ambiente ecológico fundamental da realização da formação e não deixem apenas para o último ano da formação o contato do futuro profissional com a sala de aula, com a escola. Os futuros profissionais precisam interagir de imediato com o ambiente de trabalho para estabelecer uma relação interpessoal e desenvolver competências e habilidades necessárias à atuação profissional, que hoje exige a atenção para todos os setores da vida escolar e social, no contexto situacional da escola.

- **Concepção restrita de prática:** Os cursos de formação de professores, via de regra, empregam uma dicotomia muito acentuada no processo de formação inicial de futuros profissionais da educação. A concepção de teoria é absolutamente dissociada da concepção de prática, o que leva a uma visão aplicacionista das teorias e a uma visão ativista da prática. Isso se dá em virtude da concepção que norteia os processos de formação que, na maioria das vezes, se limitam a realizar esta última nos seus aspectos teóricos, desprezando a questão da prática relacionada com as teorias que lhe dão sustentação. A formação se dá mais num nível prescritivo, relegando a um plano secundário um processo reflexivo que seja capaz de dar conta da construção de conhecimentos com base na prática observada, uma vez que esta só se realiza no final do curso, nos processos de estágio.

- **Inadequação do tratamento da pesquisa:** A pesquisa em educação continua sendo vista como um apêndice do processo de formação e não como uma possibilidade de construção de conhecimentos. Pesquisas nessa área ainda são vistas de "fora para dentro" e não são usadas como um elemento capaz de interferir em um processo de construção de conhecimentos que relacionem teoria e prática.

- **Ausência de conteúdos relativos às tecnologias da informação e das comunicações:** A modernização das tecnologias ainda não chegou aos cursos de formação de professores, sendo muito raras as iniciativas nesse sentido. Parece que a escola faz questão de não preparar seus profissionais para agir no mundo moderno e certo saudosismo do "quadro de giz" permanece como a única ferramenta capaz de dar conta dos procedimentos estratégicos para a construção de conhecimentos em sala de aula.

- **Desconsideração das especificidades próprias dos níveis e/ou modalidades de ensino em que são atendidos os alunos da educação básica:** Em um país continental como o Brasil, o sistema educacional precisa estar atento para as diferenças sociais, étnicas, religiosas, econômicas, enfim, para o contexto de atuação da escola, que precisa ser o mais inclusivo possível, e não excludente, como vem ocorrendo ao longo de nosso processo histórico, gerando uma legião de jovens e adultos semialfabetizados ou mesmo excluídos do sistema educacional. Isso sem falar na falta de formação adequada para que os profissionais da educação possam receber em suas salas de aula alunos portadores de necessidades especiais. Estes, segundo a visão de muitos educadores, devem ter um espaço próprio, diferenciado, à parte dos alunos ditos "normais".

• Desconsideração das especificidades próprias das áreas do conhecimento que compõem o quadro curricular na educação básica: As áreas do conhecimento, na formação de professores, sofrem uma síndrome de desarticulação e desconhecimento puro e simples que beira um quadro de total incapacidade de se atuar na educação básica. Os conhecimentos são apresentados de tal forma desarticulados que parecem não pertencer a área alguma e o professor acaba optando por uma disciplina pura, simplesmente sem tomar conhecimento de questões interdisciplinares e, muito menos, da existência da transdisciplinaridade.

Diante dessas situações, o MEC propôs as Diretrizes para a Formação Inicial de Professores da Educação Básica, como resultado de uma ampla discussão com as secretarias estaduais de educação, universidades e instituições formadoras de professores em todo o país, convidando a todos para que pudessem debruçar-se sobre a situação e tomar iniciativas capazes de ressignificar o ensino, tendo a escola como o *locus* do planejamento de uma prática educativa capaz de educar o cidadão de forma plena e, conforme nosso entendimento, na direção da construção reflexiva da cidadania.

As Diretrizes para a Formação de Professores da Educação Básica, propostas pelo MEC no ano de 2000, tentam abortar algumas práticas educativas na formação de professores cuja existência vem fazendo com que a formação seja ambígua e sem relação com o cotidiano social. No sentido de apresentar sugestões para uma nova prática, o referido ministério apresenta alguns princípios considerados como orientadores para uma mudança na formação de professores no Brasil e faz um chamamento às secretarias estaduais de educação, às universidades e agências formadoras de professores, de um modo geral, para repensar a prática e propor um novo modelo de formação que contemple as novas competências e habilidades que devem ser do domínio dos professores e que são requeridas pela sociedade atual. Para o MEC,

> *Não será possível atender às demandas de transformação da educação básica se não mudarmos a tradicional visão do professor como alguém que se qualifica unicamente por seus dotes pessoais de sensibilidade, paciência e gosto no trato com crianças e adolescentes. É preciso enfrentar o desafio de fazer da formação de professores uma formação de alto nível.* (Brasil, 2000, p. 35)

Ao reconhecer o papel fundamental da formação inicial de professores, o MEC reconhece a necessidade de formar um profissional cujo desempenho venha a atender às exigências da sociedade do terceiro milênio, altamente complexa e, por isso mesmo, exigente nos aspectos socioeducacionais.

Além disso, o citado ministério deixa claro que a formação tradicional precisa transformar-se em uma formação de alto nível, isto é, uma formação que qualifique o profissional egresso para desempenhar com competências suas funções. Nessa direção, o MEC apresenta ainda o seguinte esclarecimento:

> *Por formação profissional, entende-se de* [sic] *que não seja uma formação genérica e nem apenas acadêmica, mas voltada para o atendimento das demandas de um exercício profissional específico, pois não basta a*

um profissional ter conhecimentos sobre seu trabalho. É fundamental que saiba mobilizar esses conhecimentos, transformando-os em ação. Essa formação deve ser de alto nível no cuidado e na exigência, tanto em relação ao que é oferecido pelo curso quanto ao que é requerido dos futuros professores. (Brasil, 2000, p. 35)

Podemos afirmar, diante dessas considerações do MEC, que a proposta de formação de professores apresentada caminha na direção da formação do profissional reflexivo, na linha proposta por Schön.

Além disso, ao analisarmos os princípios orientadores para a formação de professores contidos na proposta da referida instituição, percebemos claramente a intenção de se formar um profissional reflexivo, que seja capaz de agir com competências e habilidades que emergem da prática reflexiva. No entanto, esse conjunto de diretrizes não apresenta claramente qual é a sua linha reflexiva – se é a que leva em consideração a transformação social ou apenas a que privilegia a prática reflexiva espontânea.

> Assim, ao discutir os princípios orientadores de uma mudança na formação de professores da educação básica, o MEC (Brasil, 2000, p. 35) considera que:
>
> 1. "A concepção de competência é nuclear na orientação do curso de formação inicial de professores;
> 2. É imprescindível que haja coerência entre a formação oferecida e a prática esperada do futuro professor;
> 3. A pesquisa é elemento essencial na formação profissional de professores."

É possível perceber que o MEC está preocupado com a formação dos professores e que, em sua linha de raciocínio, não é suficiente possibilitar o domínio da dimensão teórica do conhecimento. Por isso, os três princípios básicos apontam a questão da competência como nuclear, pois "é preciso saber mobilizar o conhecimento em situações concretas, qualquer que seja sua natureza. Essa perspectiva traz para a formação a concepção de competência, segundo a qual a referência principal, o ponto de partida e de chegada da formação é a atuação profissional do professor" (Brasil, 2000, p. 36).

Para que isso ocorra, segundo o citado ministério (Brasil, 2000, p. 12), "deve-se refletir nos objetivos da formação, na eleição dos conteúdos, na organização institucional, na abordagem metodológica, na criação de diferentes tempos e espaços de vivência para os professores em formação".

O MEC destaca ainda nas suas diretrizes a preocupação que deve existir por parte das agências formadoras de professores no sentido de haver coerência entre a formação oferecida e a prática esperada do futuro professor.

> Ora, se considerarmos a formação de professores no Brasil por meio do modelo existente no momento, é de se supor que essa coerência não existe. Isso porque, na maioria das instituições formadoras de professores, a prática pedagógica ou o ensino pela prática é quase inexistente. Oferece-se aos alunos-mestres um "estágio supervisionado", desarticulado das práticas efetivas e dos contextos educacionais nos quais os futuros professores vão atuar.

Ainda há a preocupação, por parte do referido ministério, de que o professor egresso dos cursos de formação para a educação básica seja capaz de desenvolver concepções adequadas de aprendizagem, de conteúdo e de avaliação. Também se apresenta a pesquisa como elemento que

> *se desenvolve no âmbito do trabalho do professor que não pode ser confundida com a pesquisa acadêmica ou pesquisa científica, mas a uma*

atitude cotidiana de busca de compreensão dos processos de aprendizagem e desenvolvimento de seus alunos e à autonomia na interpretação da realidade e dos conhecimentos que constituem seus objetos de ensino. (Brasil, 2000, p. 45)

Nessa linha de raciocínio, parece ser importante entender que a formação de professores no Brasil ainda é um campo minado de contradições, no qual o desejo de formação é contraditório com a realidade encontrada, pois ainda há dificuldades de se perceber quais concepções dão suporte às ações pedagógicas na sala de aula.

doispontoseis
A formação inicial

Formar o profissional prático-reflexivo requer, segundo o que estamos percebendo, além de uma política de formação de professores nessa direção, uma ação que seja orientada pela própria prática. Nesse sentido, Garcia (1999, p. 39) diz que "juntamente com a orientação acadêmica, a orientação prática tem vindo a ser a abordagem mais aceita para se aprender a arte, a técnica e o ofício do ensino". Dessa forma, é preciso estar atento para que o programa de formação de professores possa desenvolver nas práticas de ensino essa reflexão orientada pelos formadores de professores nos diversos níveis de ensino.

> É na e pela prática que se faz com que o futuro professor aprenda a ensinar, sem que tenha de repetir modelos ou paradigmas de seus formadores, estes sem a devida e necessária reflexão contextualizada, a partir da sala de aula, na qual ocorre o ato pedagógico.

> Para isso, tanto professores como alunos-professores precisam ter uma visão da complexidade do ato de ensinar, ato que se dá num contexto específico e singular a cada evento de ensino. Nesse sentido, é necessário estar atento às singularidades de cada situação, uma vez que, num ensino contextualizado, o professor precisa ter, além do domínio do conteúdo de aprendizagem, também o domínio de estratégias capazes de darem conta do aprender a ensinar.

Com a reflexão sobre e na prática, Garcia (1999, p. 39) considera que "é possível introduzir o aluno-professor numa comunidade de práticos e no mundo da prática". Para o referido autor, o modelo associado a essa orientação na formação de professores é "a aprendizagem pela experiência e pela observação", pois "aprender a ensinar é um processo que se inicia através da observação de mestres considerados 'bons professores', durante um período de tempo prolongado" (Garcia, 1999, p. 39). Ainda nas palavras do referido pensador,

> *Dessa forma, a orientação prática estaria concentrada na reflexão, na observação, na análise das práticas dos formadores de professores durante o desenvolvimento das práticas de ensino no processo de formação dos professores, pois, assim, o professor em formação estaria aprendendo as competências e ao mesmo tempo as habilidades necessárias para atuar em situações reais de ensino, uma vez que esses eventos ocorrem num mundo real, concreto, da sala de aula mesmo, num ambiente carregado de significado tanto para os professores em formação, para os mestres orientadores e para os alunos envolvidos no processo de aprendizagem.* (Garcia, 1999, p. 39)

Perrenoud (2002, p. 119) considera que "uma concepção coerente da formação de profissionais reflexivos não pode ignorar a análise de práticas como modelo e possível contexto da reflexão profissional". Nesse sentido, é preciso que o currículo de formação de professores considere as práticas de ensino como fundamentais no processo de formação. Com isso não se quer dizer que se deva abandonar a formação teórica. Pelo contrário, a formação teórica e a formação prática precisam encontrar o ponto de equilíbrio para que os professores concluam seu período de formação inicial com conhecimentos suficientes para agir na sala de aula com competência.

É nessa direção que o MEC sinaliza com as Diretrizes para a Formação de Professores da Educação Básica. Reclama o referido ministério da situação dominante que segmenta o curso em dois polos isolados entre si, afirmando que

> um caracteriza o trabalho na sala de aula e o outro caracteriza as atividades de estágio. O primeiro polo supervaloriza os conhecimentos teóricos, acadêmicos, desprezando as práticas como importante fonte de conteúdos da formação. Existe uma visão aplicacionista das teorias. O segundo polo supervaloriza o fazer pedagógico, desprezando a dimensão teórica dos conhecimentos como instrumento de seleção e análise contextual das práticas. Neste caso, há uma visão ativista da prática. (Brasil, 2000, p. 28)

Na visão do MEC, é necessário haver uma concepção mais ampla de prática que implique vê-la como uma dimensão do conhecimento presente nos cursos de formação de professores e nos momentos de reflexão referentes à atividade profissional docente. Assim, é importante ressaltar a relação de interdependência entre teoria e prática.

Para o citado ministério, o planejamento e a execução das práticas de estágio devem ser fruto da reflexão desenvolvida na escola de formação referente aos eventos de ensino e de aprendizagem pelos quais passam os alunos-mestres, possibilitando o desenvolvimento de competências e habilidades necessárias ao profissional da educação para agir como prático-reflexivo na direção proposta por Schön (1983), tão bem explicitada por Perrenoud (2000, 2001, 2002).

A análise das práticas educativas através de meios eletrônicos e visuais, tais como o uso de novas formas linguagem por meio de mídias eletrônicas, deve proporcionar a possibilidade de o professor ir e vir na reflexão empregada em um exercício de análise, reflexão, interpretação e produção de fatos pedagógicos que possibilitem a tomada de decisão e a ressignificação do ensino.

doispontosete
A formação continuada

Quanto ao conteúdo versado até este ponto do texto, o que se pode dizer em relação aos professores em exercício? E para aqueles que já exercem o magistério, que têm muito tempo de serviço? Perrenoud considera que a formação contínua é um pouco diferente da formação inicial, mas que "ela poderia se orientar claramente para uma prática reflexiva em vez de limitar-se a ser uma atualização dos saberes disciplinares, didáticos ou tecnológicos" (Perrenoud, 2002, p. 45). O autor esclarece, no entanto, em ambos os casos, tanto na formação inicial como na continuada, que "aprende-se a prática reflexiva através de treinamento intensivo com formações dedicadas à análise de práticas e procedimento clínico de formação" (2002, p. 45).

> Podemos afirmar, com certeza, que, na verdade, o que temos em cada início de ano letivo ou em cada início de implantação de programas de governo é um "treinamento" ou uma "reciclagem", dependendo da concepção filosófica de cada governo que se instala ou da direção da escola que assume o papel de gestor do processo de ensino e de aprendizagem. Parece ficar claro que falta uma política de formação continuada para todo o país. Na realidade, poucos são os sistemas de ensino que têm essa visão da formação do profissional.

Aprendendo a aprender

Se considerarmos, como Perrenoud (2002, p. 145), que "a prática pedagógica é uma intervenção singular em uma situação complexa", estaremos também concordando que é possível o professor aprender com a experiência e que as estratégias de reflexão anteriormente descritas são meios eficazes para o professor aprender a aprender sobre o ofício de ensinar.

Nesse sentido, a prática reflexiva reveste-se da necessidade do questionamento cotidiano sobre a prática exercida, caso contrário, cai-se na rotina do sempre fazer a mesma coisa do mesmo jeito.

O professor reflexivo precisa ser formado no sentido de aprender a olhar com singularidade a situação de ensino que, para outros, pode ser vista como a mesma coisa cotidiana ou se constituir apenas na rotina diária. É essa consideração singular que fará com que o professor pergunte sempre antes de agir, tendo o cuidado para não agir apenas pela racionalidade da situação, pois o evento do ensino se dá com pessoas, e pessoas são sujeitos, e estes são constituídos pela razão e pela emoção e, muitas vezes, componentes emocionais comprometem a eficácia do processo muito mais profundamente do que os componentes racionais.

> Registrar os casos, os acontecimentos reais e problemáticos da sala de aula, percebendo toda a complexidade do ato pedagógico, é outra forma de o profissional da educação aprender a ser reflexivo, pois este compreenderá como atuou, por que o fez dessa ou daquela forma, podendo redimensionar, explicar, interpretar o fato.

> O professor deve permitir-se questionar a respeito de sua prática pedagógica, obtendo respostas para questões como "O que faço?", "O que penso?", "O que significa isso?", "Como me tornei assim?", "Como poderei me

> modificar?". Tais questionamentos são fundamentais para o reconhecimento do terreno no qual pode ou não se dar o processo inicial de formação reflexiva. Aprender a aprender a ser reflexivo passa, necessariamente, por essa via.

Por outro lado, saber contar as próprias histórias de sua prática pedagógica pode levar o professor a uma atitude reflexiva, pois o ato de poder relatar seus eventos pedagógicos pode provocar o distanciamento necessário para pensar sobre o fato, compreendê-lo, analisá-lo, descobrir eventuais falhas, redimensioná-lo para que, numa próxima ocasião, se possa contemplar melhor a situação.

Outra maneira de aprender a aprender é a observação de aulas. É um recurso que precisa ser utilizado no processo de aprendizagem reflexiva para que o professor possa analisar cientificamente suas ações e as de seus colegas e estabelecer um vínculo com as teorias utilizadas para ensinar.

A análise das práticas

Outra maneira importante de se formar um professor reflexivo é, segundo Perrenoud (2001), a análise das práticas. Para o referido autor:

> *A análise das práticas é um procedimento centrado na análise e na reflexão das práticas vivenciadas, o qual produz saberes sobre a ação e formaliza os saberes de ação. Pode ser realizada com a ajuda de dispositivos mediadores como videoformação, verbalizações de recordações por estímulo ou entrevistas de esclarecimento que favoreçam a verbalização, a tomada de consciência e de conhecimentos.* (Perrenoud, 2001, p. 33)

Afirmamos, então, que a análise das práticas se dá numa relação prática-teoria-prática, capaz de dar conta de esclarecer os conhecimentos empíricos em confronto com as teorias, envolvendo assim um esquema de prática-teoria-análise-prática que se dá por meio dos conhecimentos práticos, racionais, instrumentais e formalizados, em uma relação de concomitância que produz os conhecimentos a respeito de um conteúdo de aprendizagem.

Esse esquema de ação mental-prática pode permitir que o professor se torne um prático-reflexivo, desde que ele seja capaz de desenvolver as competências de saber analisar e saber refletir na ação.

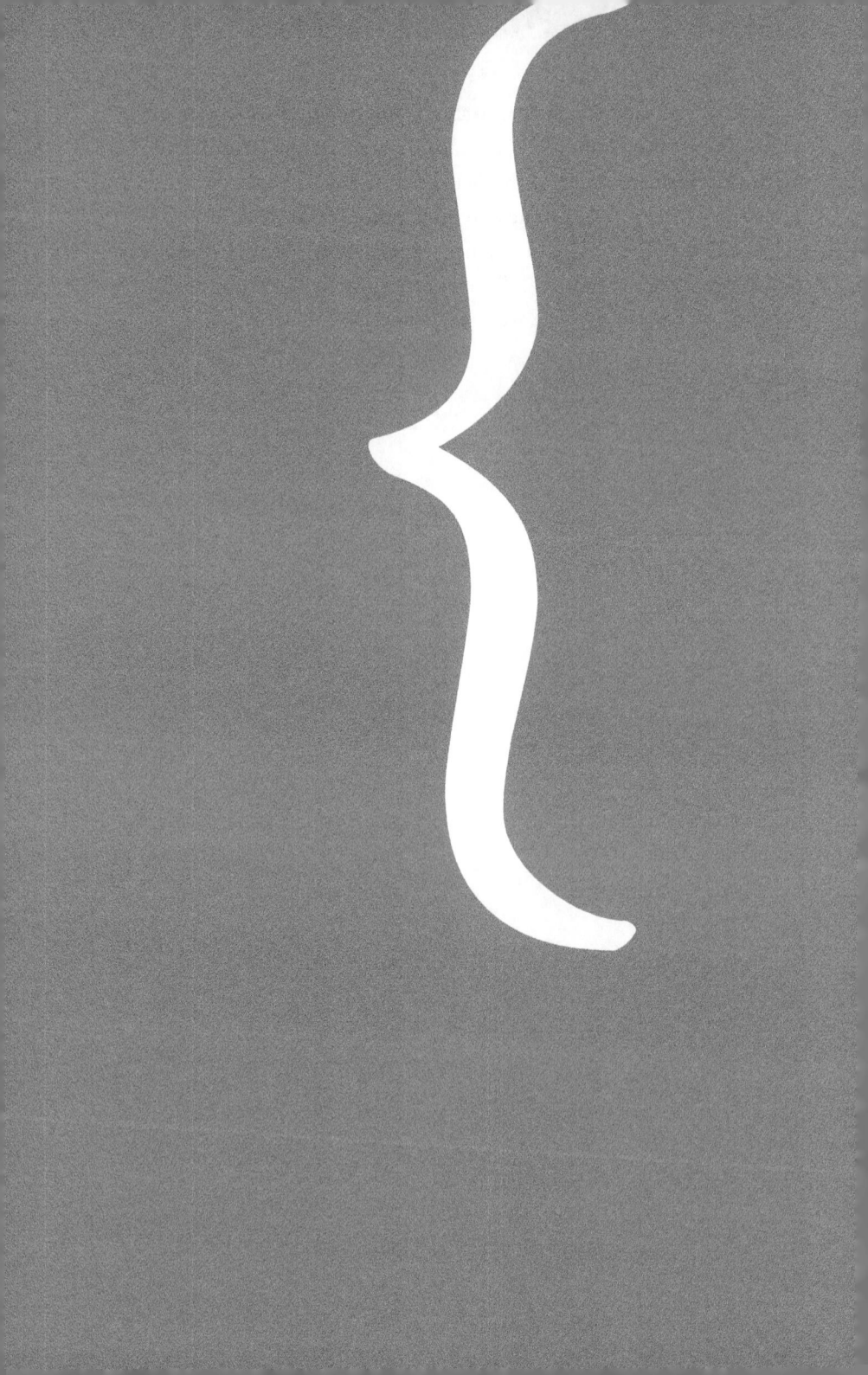

um   fundamentos teórico-metodológicos do estudo: pesquisa-ação – uma aproximação

dois   discutindo a formação de professores: um breve olhar

três propostas de formação de professores: um possível diálogo com Schön, Nóvoa, Perrenoud, Alarcão e Freire

quatro   o fazer e o pensar do professor de Língua Portuguesa: relato de uma aproximação da pesquisa-ação

cinco   construção de uma nova possibilidade de ensinar/aprender Língua Portuguesa

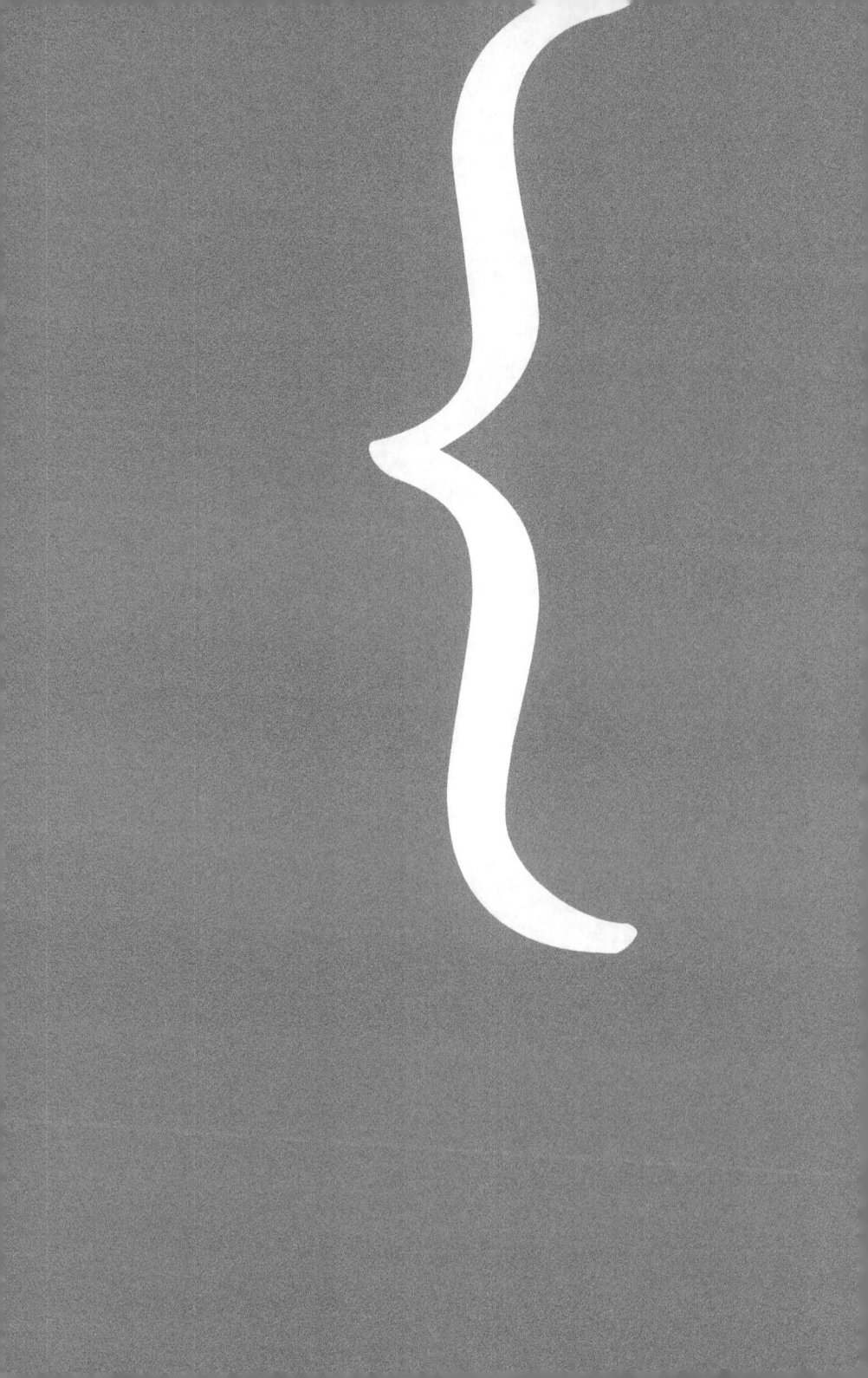

❰ESTE CAPÍTULO TEM a intenção de trazer à discussão algumas ideias a respeito da formação de professores na linha da prática reflexiva. Para isso, fizemos uma tentativa de estabelecer um possível diálogo entre alguns autores que realizaram e têm realizado pesquisas, estudos e propostas nesse sentido.

A escolha dos autores ocorreu por razões de interesse de nossa parte. Naturalmente, existem muitos outros estudiosos com outras propostas na mesma linha, porém, para nosso estudo, julgamos que os autores analisados dão um suporte suficiente para a investigação.

As discussões apresentadas nos levam a questionamentos que nem sempre obtêm respostas de pronto; nesse caso, a prática na formação talvez possa respondê-las ao longo do processo.

> Não se trata, portanto, de dar uma resposta, mas de buscar possíveis respostas para nossas indagações. Não se trata, tampouco, de pura adesão a uma ou a outra teoria: a discussão procura trazer à tona a problemática da formação de professores neste início de milênio, sem, no entanto, dar respostas definitivas, até porque sabemos que nada pode ser considerado como definitivo se adotamos uma concepção de uma prática que leve à transformação da realidade ou das realidades.

Na sequência, apresentamos nossas discussões com base nos autores selecionados para nosso estudo na esperança de podermos contribuir para o debate sobre tão importante parte da educação, que é a formação do profissional.

trêspontoum
A formação de professores segundo Schön

> Donald Schön é licenciado em Filosofia pela Universidade de Yale e tem mestrado e doutorado na mesma área pela Universidade de Harvard. Sua tese de doutorado é sobre a Teoria da Indagação, de John Dewey. Na década de 1970, realizou, a pedido do Massachusetts Institute of Technology (MIT), um estudo sobre a formação do arquiteto. Desencadeou um processo de

> debates sobre a situação de formação e as perspectivas dos profissionais, tendo publicado duas importantes obras sobre o assunto: *O profissional reflexivo* (1983) e a *Formação dos profissionais* (1987).

No primeiro livro, Schön segue uma linha de argumentação que propõe uma nova epistemologia da prática, cujo centro é o saber profissional, tomando como ponto de partida a reflexão na ação, que se produz quando o profissional se defronta com situações de incerteza, singularidade e conflito.

Conforme Campos e Pessoa (1998), no segundo livro, Schön argumenta que os centros superiores de formação de profissionais "deveriam tomar como referencial de preparação para a prática o que acontece no ensino de arte, desenho, música, dança e educação física, que têm em comum a formação tutorada e onde a formação se processa a partir da reflexão na ação" (Campos; Pessoa, 1998, p. 187).

É bom termos em mente que, na verdade, a contribuição de Schön não se dirige especificamente à questão da formação de professores, mas à formação de profissionais diferentes da ação docente; ainda assim, seu estudo possibilita a adoção de novas teorias para a formação de professores. Dessa maneira, é bom lembrarmos que o que Schön propõe é uma concepção de desenvolvimento de uma prática reflexiva com base em três ideias centrais: o conhecimento na ação, a reflexão na ação e a reflexão sobre a reflexão na ação.

Formação do professor reflexivo

Temos consciência de que a ação docente é realizada por uma pessoa concreta, ou seja, pela pessoa do professor. Esse indivíduo vem, de certa forma, "formando-se" ao longo de seu processo histórico de construção de conhecimentos. Nesse sentido, é necessário discutirmos até que ponto se pode "formar o professor reflexivo". Para Schön (2000, p. 7), o professor prático-reflexivo é aquele que:

> *É capaz de lidar mais facilmente com a questão do conhecimento profissional, tomando como ponto de partida a competência e o talento já inerentes à prática habilidosa – especialmente a reflexão na ação (o "pensar o que fazem enquanto fazem") que os profissionais desenvolvem em situações de incerteza, singularidade e conflito.*

Diante disso, é necessário levarmos em conta, para o ensino reflexivo, na concepção de Schön, a forma de aplicação do conhecimento privilegiado a problemas instrumentais da prática. Assim, parece ser de fundamental importância aprender como se dá a reflexão na ação, ou seja, como é que se pensa o que se faz enquanto se faz.

> A questão parece ser de extrema profundidade: se pensarmos na hipótese de um profissional reflexivo na área das ciências médicas, por exemplo, como se daria a interrupção do pensamento e da ação para um pensamento e uma ação reflexiva? Ou seja, como se portaria um profissional da área médica para "mostrar que para e pensa" no que faz enquanto faz? Como então isso se evidencia na educação? A importância desse aspecto remete a uma concepção de ensino e prática educativa diferente das práticas adotadas na formação de professores, que, na maioria das vezes, privilegiam o conhecimento sistemático, de preferência científico.

Segundo Schön (2000, p. 22),

> *A questão do relacionamento entre competência profissional e conhecimento profissional precisa ser virada de cabeça para baixo. Não deveríamos começar perguntando de que forma podemos fazer melhor uso*

do conhecimento oriundo da pesquisa, e sim o que podemos aprender a partir de um exame cuidadoso do talento artístico, ou seja, a competência através da qual os profissionais realmente dão conta de zonas indeterminadas da prática ainda que essa competência possa estar relacionada à racionalidade técnica.

Entender esse relacionamento parece ser de fundamental importância para o professor prático-reflexivo na concepção de Schön. Para o autor, "tudo é ensino prático. O conhecimento profissional, no sentido dos conteúdos da ciência e do conhecimento acadêmico aplicado, ocupa um lugar marginal – se é que está presente nos limites do currículo" (Schön, 2000, p. 24).

O saber-fazer parece estar fortemente presente nessa concepção, uma vez que é ele que determina o relacionamento entre o conhecimento técnico e a habilidade da ação. Segundo Dewey (citado por Schön, 2000, p. 24), "o reconhecimento do curso natural do desenvolvimento [...] sempre envolve situações nas quais se aprende fazendo. As artes e as ocupações formam o estágio inicial do currículo, correspondendo a saber como atingir os fins". Admitindo-se tal concepção, é preciso aceitar, então, que os estudantes aprendam a fazer fazendo, que é a ação, a *performance*, a qual está no centro da aprendizagem.

> Muitos questionamentos surgem com base nessas ideias, entre eles os pontos levantados por Vázquez (1977) a respeito da prática espontânea da prática reflexiva e da relação entre ambas. É possível que o profissional formado na concepção de Schön venha a agir apenas com a consciência da prática, ou, ainda de acordo com Vázquez (1977), "num estado prático" que pode desconhecer a relação entre este e a consciência da prática, relação que pode levar-nos à distinção entre a práxis espontânea e a práxis reflexiva. A prática espontânea parece, no caso do estado prático, prescindir da consciência, o que resultaria numa atividade meramente mecânica.

Reflexão na ação

Aqui, parece ser interessante compreender o que Schön conceitua como *reflexão na ação*, pois essa concepção determina a prática reflexiva na concepção schöniana. O autor considera que podemos refletir sobre a ação pensando retrospectivamente, isto é, depois da ação realizada ou, ainda, podemos fazer uma pausa no meio da ação, o que é chamado por Hannah Arendt (1971) de *parar para pensar*. Em ambos os casos, segundo Schön (2000, p. 32),

> Nossa reflexão não tem qualquer "conexão com a ação presente". A prática reflexiva dar-se-ia pelo processo de refletir no meio da ação, sem interrompê-la. É "um presente da ação, um período de tempo variável com o contexto, durante o qual ainda se pode interferir na situação em desenvolvimento, nosso pensar serve para dar nova forma ao que estamos fazendo, enquanto ainda o fazemos". Eu diria, em casos como este, que refletimos na ação.

No processo de reflexão na ação ocorre, segundo Schön (2000), uma sequência de momentos que podem estar sobrepostos uns aos outros, mas que levam à realização da própria ação.

> Num primeiro momento, ocorre uma situação de ação para a qual são trazidas respostas espontâneas e de rotina. Essas respostas revelam um processo de conhecer na ação, que é um processo tácito, espontâneo, sem deliberação consciente e que funciona dentro dos limites do que aprendemos a tratar como normal.
> Na concepção de Schön, num segundo momento, essas respostas produzem uma surpresa, um resultado inesperado, agradável ou desagradável, que não se encaixa na categoria de "conhecer na ação".
> Essa concepção permite questionarmos que tipo de nível prático Schön propõe. Essa prática seria criadora ou repetitiva? Qual é o grau de consciência

> presente nessa ação? Se esse nível ocorre sem a deliberação consciente, como considera Schön, ele pode ser considerado reflexivo?
> Em um terceiro momento, segundo Schön, a surpresa leva à reflexão dentro do presente da ação. A reflexão, em alguma medida, é consciente. É quando ocorre a indagação sobre a ação por meio de questionamentos como "O que é isso?" ou "Como tenho pensado sobre isso?".
> Nessa situação, o pensamento volta-se para o fenômeno e, ao mesmo tempo, para si próprio. Para Schön, ocorre ainda o momento da função crítica, que questiona a estrutura de pressupostos do ato de conhecer na ação, levando à reflexão na ação. É o momento da reestruturação das estratégias de ação, das compreensões dos fenômenos ou das formas de conceber os problemas (Schön, 2000).
> Em um último momento do processo, segundo Schön (2000, p. 34), a "reflexão gera o experimento imediato. É o momento do pensar um pouco e experimentar novas ações com o objetivo de explorar os fenômenos recém-observados, testar as compreensões experimentais acerca deles, afirmar as ações que tenham sido inventadas para mudar as coisas para melhor".

Schön (2000) considera que o conhecer na ação consiste nos "tipos de conhecimento que revelamos em nossas ações inteligentes – *performances* físicas, publicamente observáveis, como andar de bicicleta, ou operações privadas, como análise instantânea de uma folha de balanço" (Schön, 2000, p. 31).

> Para o referido autor, o ato de conhecer está na ação que está sendo realizada, o que é revelado pela execução capacitada e espontânea do desempenho do próprio ato de andar de bicicleta ou de examinar o documento de um balanço. Uma característica da pessoa que realiza esse exercício é o fato de que ela não torna essa capacidade explicitada verbalmente. Há um saber tácito, presente implicitamente na ação que é realizada.

De qualquer forma, parece-nos importante questionar o grau de consciência da ação praticada. Andar de bicicleta e dar uma aula são ações absolutamente diferentes no seu gênero. Para andar de bicicleta, a consciência da ação pode ser de grau zero ou muito próximo disso, uma vez que é uma ação mecânica, ao passo que dar uma aula exige certo grau de consciência, pois não podemos admitir que seja a aula uma atividade inconsciente.

Ainda, as ações poderão ser diferentes, dependendo das vivências pessoais de cada um, de seus propósitos e das linguagens disponíveis para a descrição do ato realizado. Pode-se, por exemplo, fazer referência às sequências de operações e procedimentos que são executados ou a outras estratégias utilizadas na realização da ação.

Conhecer na ação

Ressalta Schön (2000, p. 31) que, "qualquer que seja a linguagem que venhamos a utilizar, nossas descrições do ato de conhecer na ação são sempre construções" (com isso, pode-se dizer, então, que as ações que são realizadas são produto do processo de conhecimento construído pessoalmente por alguém ao longo da vida). Mesmo ações ditas "mecânicas", como o ato de andar de bicicleta, revelam construções ou conhecimentos da pessoa que as realiza.

> Assim, parece claro que há uma sequência de ações que são realizadas de forma contínua. Se assim é, então podemos admitir, como Vázquez (1977, p. 285), que, nesse caso, "o que pode faltar nessa atividade não é tanto a consciência prática, mas sim certa consciência da práxis, e é isso que determina a espontaneidade do processo criador".

Ao referir-se à questão de conhecer na prática, Schön chama a atenção para o fato de que um contexto é diferente do outro e que os contextos profissionais apresentam, cada um, sua especificidade e, com isso, o conhecer na prática exige o conhecimento desses contextos, pois há questões específicas do conhecer na ação e da reflexão na ação, próprias de cada profissão.

O conhecer na prática revela, por assim dizer, a capacidade das pessoas em relacionar o pensar e o fazer e que, nesses desempenhos, sempre se aprende novas maneiras de usar competências que a pessoa já domina. E, de certa maneira, esse conhecimento prático leva ao que podemos chamar de *práticas profissionais*, ou seja, os elementos que dão características especiais ou especificidades a determinadas profissões são construídos ao longo de um processo de ação, que se estabelece com a finalidade de dar "corpo" a uma atividade específica. Para Dewey (citado por Schön, 2000, p. 36),

> É bom lembrar que profissões que não lidam diretamente com pessoas têm especificidades diferentes. No caso da formação de professores, certamente a reflexão na ação e o conhecer na ação deveriam revelar-se de outro modo.

> *Uma prática profissional é o domínio de uma comunidade de profissionais que compartilham as tradições de uma vocação. Eles compartilham convenções de ação que incluem meios, linguagens, ferramentas distintivas e operam dentro de tipos específicos de ambientes institucionais – o tribunal, a escola, o hospital, a empresa, por exemplo. Suas práticas são estruturadas em termos de tipos particulares de unidades de atividade – casos, pacientes, visitas ou aulas, por exemplo – e eles estão social e institucionalmente padronizados, de forma a apresentar ocorrências repetidas de tipos particulares de situações. Uma "prática" é feita de fragmentos de atividade, divisíveis em tipos mais ou menos familiares, cada um dos quais sendo visto como vocação para o exercício de certo tipo de conhecimento.*

Assim, parece ser legítimo considerarmos que o processo de conhecer na ação de determinado profissional tem suas raízes no contexto social e institucional do qual participa e que se trata, portanto, de um processo exercitado nesses ambientes profissionais e/ou institucionais dos quais a pessoa faz parte, buscando, ao que tudo indica, o sucesso profissional. Sucesso que pode consistir, na prática, na aplicação de teorias e técnicas "derivadas da pesquisa sistemática, preferencialmente científica, à solução de problemas instrumentais da prática" (Schön, 2000, p. 37).

Com base nessas concepções schönianas, é necessário nos questionarmos se essas práticas podem, efetivamente, conduzir a uma prática revolucionária, no sentido de ser transformadora, pois esse tipo de atividade exige um alto grau de consciência da práxis.

Nesse sentido, a contribuição de Marx, no que diz respeito à transformação revolucionária da sociedade, tem por base uma justa relação entre o espontâneo e o reflexivo. Por isso, é lícito afirmarmos que os professores, no processo de formação, só poderão contribuir com a transformação social se tiverem uma práxis altamente consciente e reflexiva.

Ensino prático

Schön (2000) considera que, quando um indivíduo aprende uma prática, este "é iniciado nas tradições de uma comunidade de profissionais que exercem aquela prática e no mundo prático que eles habitam" (Schön, 2000, p. 38).

Essa aprendizagem leva ao conhecimento das convenções, dos limites, das linguagens, dos sistemas apreciativos, dos repertórios de modelos e de seus padrões para o processo de conhecer na ação. Para Schön, pode-se aprender na prática de várias maneiras:

> - Por conta própria, com a vantagem da liberdade para experimentar seus limites, mas com a desvantagem de ter de reinventar tudo o que se sabe a respeito do assunto, não considerando a experiência acumulada por outros.
> - Por meio de uma aula prática. Segundo Schön (2000, p. 40), "uma aula prática é um ambiente projetado para a tarefa de aprender uma prática. Em um contexto que se aproxima de um mundo prático, os estudantes aprendem fazendo, ainda que sua atividade fique longe do mundo real do trabalho". Considera o autor que a aula prática é um mundo virtual, ficando "relativamente livre de pressões, distrações e riscos, no espaço intermediário entre o mundo prático, a camada 'leiga' da vida ordinária e o mundo esotérico da academia" (Schön, 2000, p. 40). Essa definição de Schön não informa se é levado em conta o fato de que a aula é uma prática social, que, por conseguinte, envolve pessoas que pensam e podem incorporar ou não uma relação de transformação entre a ação e a realidade social.

Assim, ainda de acordo com Schön (2000, p. 39), "o ensino prático é conseguido através de certa combinação, do aprendizado do estudante pelo fazer suas interações com os instrutores e seus colegas e um processo mais difuso de 'aprendizagem de fundo'". Segundo o referido autor (2000, p. 40),

> *Quando uma estudante inicia uma aula prática, apresentam-se a ela, implícita ou explicitamente, certas tarefas fundamentais. Ela deve aprender a reconhecer a prática competente. Ela deve construir uma imagem dessa prática, uma apreciação de seu lugar na relação com essa prática e um mapa do caminho por onde ela pode chegar, de onde está, até onde quer estar. Ela deve aceitar os pressupostos implícitos daquela prática: que existe uma prática, que é boa o suficiente para ser aprendida, que ela é capaz de aprendê-la e é que é representada, em suas características essenciais, pela aula prática. Ela deve aprender a "prática do*

ensino prático" – *suas ferramentas, seus métodos, seus projetos e suas possibilidades* – *e assimilar, à prática, sua imagem emergente de como ela pode aprender melhor o que quer.*

Os estudantes numa aula prática são, uns para os outros, tão importantes quanto os instrutores. Isso ocorre devido à interação que existe entre os membros do grupo e à troca de experiências e/ou vivências de cada um, em uma dinâmica que faz com que os educandos acabem incorporando novos hábitos de pensamento e de ação. Ao se referir ao terceiro tipo de ensino prático, Schön (citado por Plantamura, 2012) diz que esse "terceiro tipo não impede o trabalho do primeiro e do segundo". O autor ainda considera que:

> *Talvez possamos aprender com a reflexão na ação, aprendendo primeiro a reconhecer e aplicar regras, fatos e operações-padrão; em seguida, a raciocinar a partir das regras gerais até casos problemáticos, de formas características daquela profissão, e somente então, desenvolver e testar novas formas de compreensão e ação, em que categorias familiares e maneiras de pensar falham.* (Schön, 2000, p. 41)

Essas são "as atividades de ensino prático [que] são [consideradas] reflexivas no sentido de que estão voltadas para ajudar os estudantes a aprenderem a tornar-se proficientes em um tipo de reflexão na ação" (Schön, 2000, p. 42). No entanto, o autor não assegura que essa "prática reflexiva" é capaz de produzir mudanças radicais, pois as práticas sociais sofrem outras influências.

trêspontodois
O processo de formação de professores na compreensão de Nóvoa

António Nóvoa é professor da Faculdade de Psicologia e de Ciências da Educação da Universidade de Lisboa. Tem escrito muitos textos a respeito da formação de professores e contribuído para o debate em torno da questão em Portugal, uma vez que, ao longo dos últimos 20 anos, o país esteve dedicado ao campo da formação de professores, sendo Nóvoa um dos colaboradores do processo.

Continuando nosso possível diálogo com os autores citados no início do capítulo, percebemos que, em Nóvoa, a reflexão não é vista como um fim em si mesmo, mas como uma possibilidade de desenvolvimento de julgamentos éticos e ações emancipatórias no campo social em que a educação está inserida.

> Dessa forma, a concepção de ensino muda totalmente de perspectiva, não se aceitando o ensino como algo dado, pronto, acabado, insensível a mudanças. Pelo contrário, a reflexão, nessa concepção, objetiva encontrar formas de compreender os conteúdos de ensino numa perspectiva social emancipatória, favorecendo a eliminação de políticas escolares opressivas.

Esse paradigma leva à reflexão sobre o que diz Nóvoa (1991, p. 24) a respeito: "A formação de professores é, provavelmente, a área mais sensível das mudanças em curso no sector educativo: aqui não se formam apenas profissionais; aqui se produz uma profissão". É nessa perspectiva de atribuição de significado à formação e ação de professores reflexivos que queremos dialogar – uma atribuição de significado que vai além da análise do simples papel de uma instituição que atua na formação de profissionais da educação ou que atua pura e simplesmente na sala de aula. Uma atribuição que leve em consideração a adoção de um paradigma inovador, em que a educação não tem como fim ensinar alguma coisa por ensinar ou ensinar o que quer que seja porque consta do currículo escolar, tampouco de forma alguma considera o ato de ensinar como pretexto, mas como o reflexo de um ser (professor-pessoa) que está em relação com seus semelhantes.

> Para Nóvoa, a formação de professores pode desempenhar um importante papel na formação de um novo tipo de profissional, que seja capaz de criar uma nova profissionalização e um novo relacionamento organizacional no seio das escolas.

Diz o educador português (1999, p. 38, grifo nosso) que "a formação de professores tem ignorado sistematicamente o 'desenvolvimento pessoal'", confundindo os conceitos de "formar" e "formar-se" e demonstrando não compreender que a formação acadêmica pode ser conflitante com a formação pessoal. Nóvoa (1992, p. 24) insiste que as agências formadoras devem preocupar-se com o "desenvolvimento profissional dos professores, na dupla perspectiva do professor individual e do coletivo docente". O referido autor (1992, p. 24) diz ainda que:

> *A formação deve estimular uma perspectiva crítico-reflexiva, que forneça aos professores os meios de um pensamento autônomo e que facilite as dinâmicas de autoformação participada. Estar em formação implica*

um investimento pessoal, um trabalho livre e criativo sobre os percursos e os projectos próprios, com vista à construção de uma identidade, que é também uma identidade profissional.

Parece claro, então, que, além da instituição formadora do profissional, entra em campo a própria vontade, a individualidade do profissional e a sua disposição no sentido de não apenas obter conhecimentos técnico-científicos, mas também estar disposto a refletir sobre sua própria formação pessoal e profissional, que vai além do período formal de aquisição de conhecimentos na universidade e se estabelece como formação continuada durante todo o processo de atuação nas instituições em que irá trabalhar.

> A reflexão proposta por Nóvoa parece ir em direção à prática reflexiva, capaz de transformar a realidade social, ao considerar que os novos professores não devem ser apenas imitadores de outros professores, mas que precisam comprometer-se (e refletir) na educação das crianças numa nova sociedade; a educação no contexto atual deve contar com professores que façam parte de um sistema que os valoriza e lhes fornece os recursos e os apoios necessários à sua formação e desenvolvimento; com professores que não são apenas técnicos, mas também criadores.

Diante de tais exigências, parece claro que a formação de professores, tanto a inicial como a continuada, ou em serviço, precisa ser urgentemente repensada, tendo em consideração concepções de educação, ensino, aprendizagem, currículo e políticas educacionais compatíveis com as novas exigências de uma sociedade eminentemente tecnológica.

Para que essa possibilidade exista de fato, Nóvoa diz ser necessário que as instituições formadoras de professores deem atenção à dualidade do professor como pessoa e como profissional, para que ele possa agir na sociedade. Ainda em relação a esse ponto, o autor afirma o seguinte:

> *O professor é pessoa. E uma parte importante da pessoa é o professor. Urge por isso (re)encontrar espaços de interacção entre as dimensões pessoais e profissionais, permitindo aos professores apropriar-se dos seus processos de formação e dar-lhes um sentido no quadro das suas histórias de vida.* (Nóvoa, 1992, p. 24)

Para que isso se concretize, segundo Nóvoa (1991, p. 24), é necessário que se repense e reestruture a formação de professores, insistindo tanto na formação inicial como na continuada. Na verdade, no caso brasileiro, é urgente a adoção de diferentes mecanismos de "formação continuada" se pensarmos em termos de qualidade de ensino, uma vez que nada pode estar "formado" definitivamente, principalmente em ciências sociais e, por isso, é preciso pensar a formação "como um todo, abrangendo as dimensões da formação inicial, da indução e da formação contínua".

> Assim, ao proporem mudanças nos programas de formação de professores e optarem pela prática reflexiva, é necessário que as faculdades de educação, formadoras por excelência de professores, que, bem ou mal, vão reproduzir as estratégias vividas no curso de formação, pensem também em programas de formação continuada que contemplem a ação reflexiva.

Além da ação das agências ou instituições formadoras de professores, é necessário que haja políticas educacionais de formação continuada, que podem e devem ser implementadas pelos sistemas de ensino e pelas universidades, pois, segundo Nóvoa (1992, p. 25),

> A formação não se constrói por acumulação (de cursos, de conhecimentos ou de técnicas), mas sim através de um trabalho de reflexividade crítica sobre as práticas e de (re)construção permanente de uma identidade pessoal. Por isso, é tão importante investir na pessoa e dar um estatuto ao saber da experiência.

Fica claro que o pensamento do educador português vem ao encontro da possibilidade de que a instituição formadora de professores e os sistemas de ensino não apenas invistam na formação inicial ou continuada, mas invistam na possibilidade de o professor ser ele próprio agente de seu processo de formação pessoal, tomando decisões, articulando conhecimentos e compreendendo a produção do saber num processo de interação.

É necessário que as instituições formadoras de professores e os sistemas de ensino tenham como referencial, em suas políticas de formação, que esse é um processo de mudança, porém é preciso que a formação dos professores seja concebida como um dos componentes do processo, o qual, por sua vez, precisa estar articulado com outros setores e áreas educacionais para que a mudança se efetive. Por isso, a formação, para Nóvoa (1992, p. 28), "não se faz antes da mudança, faz-se durante, produz-se nesse esforço de inovação e de procura dos melhores percursos para a transformação da escola".

> Para Nóvoa (1992, p. 28), "a formação [se dá] pela experimentação, pela inovação, pelo ensaio de novos modos de trabalho pedagógico. E por uma reflexão crítica sobre a sua utilização. A formação passa por processos de investigação, diretamente articulados com as práticas educativas".

trêspontotrês
A formação de professores na percepção de Perrenoud

> Philippe Perrenoud é professor na Université de Genève. Seus trabalhos sobre as desigualdades e o fracasso escolar fizeram com que se interessasse pela diferenciação do ensino e, mais globalmente, pelo currículo, pelo trabalho escolar, pelas práticas pedagógicas, pela inovação e pela formação de professores.

Iniciemos um diálogo com as considerações de Perrenoud a respeito da formação de professores: O que é um professor profissional reflexivo?

Essa indagação merece uma atenção especial pelas circunstâncias que envolve e por determinar o tipo de ação desencadeada pelo profissional da educação. Antes de conceituar o professor reflexivo, é preciso reconhecer e conceituar o que é um professor profissional.

Para Perrenoud (2001, p. 26), "o professor profissional é, antes de tudo, um profissional da articulação do processo ensino-aprendizagem, em uma determinada situação, um profissional da interação das significações partilhadas".

> Nessa concepção, o ensino é aceito como um processo interpessoal, interativo, intencional, mediado pela interação verbal. Perrenoud (2001, p. 26) afirma que "ensinar é fazer aprender e, sem a sua finalidade de aprendizagem, o ensino não existe. Porém, esse 'fazer aprender' se dá pela comunicação e pela aplicação; o professor é um profissional da aprendizagem, da gestão

> de condições de aprendizagem e da regulação interativa em sala de aula". Portanto, o ensino, nessa linha de raciocínio, é assumido como uma atividade prática, interativa, e o papel do professor, nesse caso, é o de articulador do processo, o qual tem uma função didática de estruturação e de gestão dos conteúdos, ou seja, uma função pedagógica de gestão e regulação interativa das atividades em sala de aula.

A preocupação aqui explicitada é a de tentar responder de que modo poderíamos agir para que tivéssemos uma ação pedagógica na linha reflexiva que atendesse, ao mesmo tempo, os problemas da deficiência de formação e preparasse os professores para uma ação pedagógica efetiva, reconhecendo, como Perrenoud (2001, p. 26), que:

> A dificuldade do ato de ensinar está no fato de que ele não pode ser analisado unicamente em termos de tarefas de transmissão de conteúdos e de métodos definidos a priori, uma vez que são as comunicações verbais em classe, as interações vivenciadas, a relação e a variedade das ações em cada situação que permitirão, ou não, a diferentes alunos o aprendizado em cada intervenção.

Assim, o papel do professor prático-reflexivo será o de articulador dos conteúdos de aprendizagem, de acordo com cada situação vivenciada em determinado contexto.

> Quando indagamos as professoras participantes do presente estudo no processo da pesquisa sobre a prática reflexiva, chegamos à conclusão de que, para a maioria delas, a prática reflexiva se resume no fato de pensar sobre o fenômeno depois da ocorrência deste. Nesse sentido, podemos dizer, então, que a prática reflexiva na concepção de Schön não fazia parte dos procedimentos pedagógicos do grupo.

Entendemos que, de certa maneira, todas as professoras refletem sobre a ação que fazem e, muitas vezes, até na ação que fazem, porém somente isso parece não bastar para caracterizar uma prática reflexiva ou determinar até que ponto o professor é um profissional reflexivo. De fato, Perrenoud (2002, p. 13) considera que "é preciso estabelecer a distinção entre a postura reflexiva do profissional e a reflexão episódica de todos nós sobre o que fizemos".

A questão parece bastante clara: não é um episódio esporádico que caracteriza a prática reflexiva do profissional, como pudemos observar no processo de estudo. É necessário que se vá além. O professor precisa assumir uma "postura reflexiva", cujos componentes não são episódicos, mas permanentes. Para Perrenoud (2002, p. 13), a postura reflexiva "constitui-se numa forma de identidade, num *habitus*, inserir-se em relação analítica com a ação, a qual se torna relativamente independente dos obstáculos encontrados ou das decepções".

Ao propor a prática reflexiva para o profissional da educação, Perrenoud (2002, p. 18) entende que

> *o desafio é ensinar, ao mesmo tempo, atitudes, hábitos, savoir-faire, métodos e posturas reflexivas. Além disso, é importante, a partir da formação inicial, criar ambientes de análise da prática, ambientes de partilha das contribuições e de reflexão sobre a forma como se pensa, decide, comunica e reage em uma sala de aula. Também é preciso criar ambientes – que podem ser os mesmos – para o profissional trabalhar sobre si mesmo, trabalhar seus medos e suas emoções, onde seja incentivado o desenvolvimento da pessoa, de sua identidade.*

Essa preocupação se estende ao professor em sua formação inicial e, nesse sentido, a ideia de Perrenoud é que se forme um profissional reflexivo com base em sua própria prática, o que diferencia substancialmente os programas de formação de professores atualmente empregados nas agências e instituições formadoras de professores. Parece que, mais que ensinar uma postura, trata-se de orientar para a reflexão sobre e na própria prática, possibilitando que o profissional aprenda, fazendo, a fazer aquilo que não sabe realizar.

Diante disso, é preciso, antes de tudo, que as agências e instituições formadoras de profissionais para a educação optem pela prática reflexiva e construam suas propostas e seus programas de formação nessa direção. É claro que essa proposta levaria algum tempo para ser implantada e implementada, uma vez que certamente dependeria das políticas educacionais de cada uma das agências formadoras e mesmo das políticas educacionais dos sistemas de ensino.

trêspontoquatro
A formação do professor reflexivo na visão de Alarcão

Isabel Alarcão é professora catedrática de Ciências da Educação/Didática na Universidade de Aveiro, Portugal, onde leciona Supervisão Didática de Inglês e Didática de Alemão. O seu interesse principal situa-se na teoria e prática da supervisão. Por meio de sua atuação e dos seus escritos, a autora tem dado um grande contributo para a conceituação do estatuto das didáticas específicas na formação de professores.

Iniciemos nosso diálogo com a consideração da autora sobre a sala de aula, definida como o ambiente adequado para a formação de professores, em uma relação que tome a teoria e a prática como faces de uma mesma moeda e que precisam ser do domínio dos professores. Podemos concordar com Alarcão (1996, p. 96) quando diz que "a sala de aula constitui-se como o centro da reflexão e é pela análise conjunta dos fenômenos educativos, neste contexto, que se opera a formação".

> Essa observação confirma o que estamos dizendo sobre o ambiente ecológico da sala de aula: com base em um ponto de vista situado, o futuro professor pode considerar os eventos de ensino e aprendizagem e compreender a forma de neles intervir, podendo identificar os problemas e planejar sua própria forma de ação.

Sem dúvida, para que isso ocorra, é necessário considerarmos a proposta de Schön, que já apresentamos e exploramos ao longo deste estudo.

Para isso, precisamos ter claras as concepções do autor sobre o conhecimento na ação, a reflexão na ação, a reflexão sobre a ação e a reflexão sobre a reflexão na ação e suas implicações na tarefa social da educação, ou seja, sobre a capacidade dessas ações em interferir no processo social e transformar a realidade. Nesse sentido, é bom reapresentarmos e discutirmos um pouco mais essas noções.

> *O conhecimento na acção é o conhecimento que os professores manifestam no momento em que executam a acção. O conhecimento na acção, para o autor, é dinâmico e resulta na reformulação da própria acção. A reflexão na acção ocorre quando o professor reflecte no decorrer da própria acção e vai reformulando, ajustando-se assim a situações novas que vão surgindo. A reflexão sobre a acção ocorre quando o professor*

reconstrói mentalmente a acção para a analisar retrospectivamente. O olhar a posteriori sobre o momento da acção ajuda o professor a perceber melhor o que aconteceu durante a acção e como resolveu os imprevistos ocorridos. O professor toma consciência do que aconteceu, por vezes através de uma descrição verbal. A reflexão sobre a reflexão na acção é um processo que fomenta a evolução e o desenvolvimento profissional do professor, levando-o a construir a sua própria forma de conhecer. Este tipo de reflexão que podemos definir como metarreflexão leva o professor a desenvolver novos raciocínios, novas formas de pensar, de compreender, de agir e equacionar problemas. (Alarcão, 1996, p. 97-98)

Nessa perspectiva, organizar um programa de formação de professores, seja na formação inicial, seja na formação continuada, requer um trabalho de preparação de um programa que exige uma concepção diferenciada das que atualmente estão em vigor nas instituições de formação de professores, ou seja, há que se preocupar com uma *performance* diferente do futuro professor reflexivo, que envolve, entre outras questões, a do conhecimento dos conteúdos de aprendizagem, das teorias de aprendizagem, de estratégias diferenciadas de ensino, da possibilidade de transformação social, da capacidade dialógica, em suma, um programa de formação que contemple as competências e habilidades que se esperam de um profissional que atue nessa direção.

> O conhecimento na ação implica um conhecimento tácito, capaz de reconhecer a ação como correta ou não. É evidente que as habilidades de ensino e o conhecimento dos conteúdos de aprendizagem são fundamentais para que o conhecimento na ação seja praticado de forma que o professor e o aluno sejam capazes de reconhecer seu desempenho na tarefa de ensinar e de aprender como adequado ou não, bem como a possibilidade destes de agir ou não na transformação da realidade.

Esse conhecimento na ação envolve decisões e ações que precisam ser tomadas no momento da ação e, portanto, o domínio do professor sobre o conteúdo de aprendizagem e as estratégias mais adequadas a esse conteúdo é decisivo para que o educador possa atuar e manifestar o conhecimento na ação com competência, pois essa ação ocorre de forma dinâmica, envolvendo uma série de conhecimentos complexos, como acontece quando se ensinam, por exemplo, conteúdos de Língua Portuguesa na área de análise sintática.

Para Schön (2000, p. 31),

> *nossas descrições do ato de conhecer na ação são sempre construções. Elas são sempre tentativas de colocar, de forma explícita e simbólica, um tipo de inteligência que começa por ser tácita e espontânea [...] porque o processo de conhecer na ação é dinâmico, e os "fatos", "os procedimentos" e as "teorias" são estáticos.*

> A reflexão sobre a ação é o distanciamento necessário *a posteriori* para que o profissional possa pensar sobre a ação prática, avaliar, compreender os eventos ocorridos durante a ação e tomar consciência da *performance* no momento da ação.

A reflexão na ação é, segundo Schön, resultante daquele momento em que o profissional "para e pensa" no que está fazendo no momento em que está fazendo, sem, no entanto, precisar revelar esse ato por meio de palavras. É um instante de consciência no qual o profissional é capaz de parar e pensar conscientemente sobre o que está fazendo, tomar decisões, reformular e redimensionar a ação.

Pensar um programa de formação de professores que contemple essas questões parece ser extremamente necessário se quisermos, de alguma forma, intervir no processo, o que pode ser feito de diferentes formas. Uma delas é, certamente, na formação inicial, propor aos institutos de formação de professores a implatação de programas e estratégias que deem conta desse tipo de formação.

Para que se possa atuar nesse sentido, é necessário ter claro que um professor reflexivo, tal como se pensa, é aquele que é preparado para examinar, questionar e avaliar criticamente a sua prática e perceber até que ponto sua ação interfere na possibilidade de transformação social ou até mesmo se ela própria é capaz de provocar uma transformação social.

Na formação do profissional reflexivo, devem estar presentes estratégias suficientemente claras, objetivas e capazes de dar conta desse tipo de formação, funcionando, segundo Alarcão (1996, p. 100), como instrumentos de apoio ao processo de formação entendidos como "o questionamento sistemático da própria prática, de modo a melhorar essa prática e a aprofundar o próprio conhecimento dela". Para a autora, o professor assim formado terá de aprender a refletir, e essa aprendizagem se constituirá numa competência a ser construída ao longo do processo de formação.

> Alarcão (1996) considera que a prática reflexiva pode ser tomada em dois níveis: um que a considera como fim e outro que a considera como meio. Para a referida autora, a reflexão tomada como meio é que estabelece as estratégias de formação de professores reflexivos, pois essas estratégias são, no entender da educadora, as vias para desenvolver professores reflexivos nos níveis técnico, prático e crítico, ou emancipatório, que veremos com mais detalhes a seguir.
>
> - O nível técnico diz respeito à formação em determinados objetivos, como manter a disciplina em sala de aula, criar um objetivo para as atividades, manter a atenção e o interesse dos alunos, levá-los a compreender o conteúdo de aprendizagem. Para Alarcão (1996, p. 101), "a tarefa primordial para os formandos é refletirem no seu próprio ensino – reflexão sobre e na ação – e aprenderem de outras fontes de modo a atingir esses objetivos".

- No nível prático, a reflexão, na tarefa de formação, é levar os professores a se preocuparem com os pressupostos, com as predisposições, com os valores e as consequências aos quais as ações estão ligadas. Nesse nível, os formandos devem avaliar seu próprio ensino, teorizar sobre a natureza da disciplina que lecionam, sobre os processos de aprendizagem, sobre seus alunos e sobre os objetivos mais amplos da educação.

- No terceiro nível, chamado por Alarcão de *crítico* ou *emancipatório*, a reflexão tem como preocupação central os aspectos éticos, sociais, políticos e contextuais de uma maneira geral que podem permitir, limitar ou inibir as práticas reflexivas de alguma forma.

Para autora, as estratégias anteriormente referidas não são excludentes, ao contrário, são concomitantes e podem requerer outras de acordo com o contexto da própria formação e/ou da ação que está sendo desenvolvida. A referida educadora portuguesa diz ainda que as estratégias adotadas na formação de professores reflexivos devem contemplar: as perguntas pedagógicas, as narrativas, a análise de casos, a observação de aulas, o trabalho de projeto e a investigação-ação (Alarcão, 1996, p. 102).

Assim, a proposta de Alarcão é, no sentido do envolvimento do professor na sua formação, seja inicial, seja continuada, um processo dialógico de reflexão interativa entre os pares sobre a sua própria prática e a prática de seus colegas.

trêspontocinco
O diálogo com Freire

Paulo Freire fala por si só, dispensa maiores apresentações e comentários. Sem sombra de dúvida, é o maior educador e teórico da educação brasileira e sua obra contribuiu de maneira decisiva na educação dos hoje chamados *países emergentes*, especialmente na América Latina. Com certeza, dialogar com a obra de Paulo Freire exige do proponente uma abertura de mente muito grande, além de muitos conhecimentos, uma vez que o conteúdo é sempre muito profundo e carregado de significado, sendo difícil penetrar na sua essência, pois é uma obra reveladora de muitas verdades, cujos conceitos, muitas vezes, abalam as concepções que trazemos a respeito do mundo, do ser humano e da educação.

Diante da imensidão do significado de Paulo Freire, gostaríamos de ressaltar que este "diálogo" que empreendemos aqui nada mais é que um ensaio muito incipiente ainda, uma vez que, para nós, sua obra ainda necessita de um estudo muito mais profundo do que este.

Não vamos apresentar ideias de Paulo Freire a respeito da formação de professores ordenadas cronologicamente. Em vez disso, iniciamos fazendo uma reflexão a respeito de como Freire considera a educação.

Diz o referido autor: "a educação é um ato de amor, por isso, um ato de coragem. Não pode temer o debate. A análise da realidade. Não pode fugir à discussão criadora, sob pena de ser uma farsa" (Freire, 2000, p. 104).

Como dissemos anteriormente, penetrar na obra de Paulo Freire é um desafio. Na citação anterior, percebemos toda a riqueza de uma concepção de educação dialógica e reflexiva. Uma proposta de educar o educar não pode, de modo algum, prescindir dessas ideias, pois de forma angular elas conduzem o próprio processo de formação. Certamente, Freire tinha toda a consciência das dificuldades que uma proposta desse gênero teria de enfrentar.

Ora, se a educação é um ato de amor, essa concepção inverte totalmente as ideias que até agora vínhamos apresentando. Em nenhum momento os autores que estudamos fazem afirmação semelhante.

> No nosso modo de ver, essa concepção inicialmente corre alguns riscos, pois poderíamos estar caindo na ingenuidade da educação como um ato generoso de alguém que faz um favor para um necessitado, bem como poderíamos correr o risco de cair na armadilha da "vocação", expediente tão usado por algumas instituições de ensino no nosso país para pagar mal aos seus trabalhadores em educação. No entanto, não é essa ingenuidade que está presente nas considerações de Paulo Freire; pelo contrário, quem tem uma concepção de amor voltada para a realização da pessoa sabe das exigências que isso acarreta.

Por isso, Freire considera que seria necessário termos uma educação que

> *possibilitasse ao homem a discussão corajosa de sua problemática. De sua inserção nesta problemática. Que o advertisse dos perigos de seu tempo, para que, consciente deles, ganhasse a força e a coragem de lutar, ao invés de ser levado e arrastado à perdição de seu próprio "eu", submetido às prescrições alheias. Educação que o colocasse em diálogo constante com o outro. Que o predispusesse a constantes revisões. A análise crítica de seus "achados". A uma [sic] certa rebeldia, no sentido*

mais humano da expressão. Que o identificasse com métodos e processos científicos. (Freire, 2000, p. 98)

Parece-nos que nessa consideração se encontra toda uma sugestão completa de formação de professores. E mais – de professores reflexivos, capazes de atuar no que Schön chama de *reflexão na ação*, de *conhecer na ação* ou, ainda, do que Perrenoud chama de *competências e habilidades*.

Essa talvez fosse a formação mais adequada de professores para a educação brasileira, que saberia encontrar a partir daí os caminhos para a reflexão, para a crítica, para a prática reflexiva transformadora, e não apenas repetidora ou ingênua a respeito do ensino e da prática pedagógica. Ainda, reforçando essas ideias, recorremos mais uma vez a Freire, que diz que temos a necessidade de

> *uma educação que levasse o homem a uma nova postura diante dos problemas de seu tempo e de seu espaço. A da intimidade com eles. A da pesquisa ao invés da mera perigosa e enfadonha repetição de trechos e de afirmações desconectadas das suas condições mesmas de vida. A educação do "eu me maravilho" e não apenas do "eu fabrico". A da vitalidade ao invés daquele que insiste na transmissão do que Whitehead chama de inert ideias – "ideias inertes, quer dizer, ideias que a mente se limita a receber sem que as utilize, verifique ou as transforme em novas combinações".* (Freire, 2000, p. 101)

Voltamos ao ponto nevrálgico da formação de professores. Queremos professores reflexivos? Queremos prática reflexiva? Então, precisamos agir no sentido de formar professores que sejam capazes de agir da forma como Freire apresenta anteriormente; que sejam capazes de, com base em seus conteúdos de ensino, levar seus alunos a uma nova postura, crítica, de compreensão de sua realidade e da possibilidade de ação sobre seu meio, bem como de transformação

> necessária para que essa realidade seja modificada, recriada, reinventada, tornando-a um ambiente que contribua para o desenvolvimento da pessoa.

Teríamos de intervir no processo atual de formação de professores, que ainda dispensa a pesquisa, que ainda pensa que a transmissão de conhecimento é a metodologia adequada para o ensino. Talvez essa forma de ver a educação seja para o ensino que quer manter as relações de poder estabelecidas pelo mundo capitalista, mas não pela pedagogia crítica, pela pedagogia transformadora, pela ação reflexiva que se propõe e que, na verdade, se impõe neste tempo em que estamos vivendo.

Freire diz também, ao analisar a situação educacional brasileira, que "entre nós, repita-se, a educação teria de ser, acima de tudo, uma tentativa constante de mudança de atitude. De criação de disposições democráticas através da qual se substituíssem no brasileiro, antigos e culturólogos hábitos de passividade, por novos hábitos de participação e ingerência" (Freire, 2000, p. 101).

Não estaria aqui a sugestão de como fazer acontecer a prática reflexiva? O conhecer na ação? O agir para transformar, da forma como Vázquez (1977) considera a prática reflexiva? Falando da ação educacional e seu papel na democratização, o que ainda parece ser necessário, pois a "democratização" política pode até ter ocorrido, mas a democratização da vida e das condições de vida dos brasileiros ainda não, Freire (2000, p. 102) observa:

> *Não seria com essa educação desvinculada da vida, centrada na palavra, em que é altamente rica, mas na palavra "milagrosamente" esvaziada da realidade que deveria representar, pobre de atividades com que o educando ganhe a experiência do fazer, que desenvolveríamos no brasileiro a criticidade de sua consciência, indispensável à nossa democratização.*

A ideia de ação reflexiva sobre a realidade parece cristalina nas concepções que estamos apontando neste texto. Freire insiste na questão da consciência crítica, que seria seguramente a forma adequada de se chegar a uma ação reflexiva. Mas, se o processo de formação de professores não contempla essa prática, como os professores, no desempenho de sua ação pedagógica, no cotidiano escolar, poderiam agir de forma a criar nos alunos a consciência crítica? Para Freire (2000, p. 102),

> Nada ou quase nada existe na nossa educação, que desenvolva no nosso estudante [parece-nos que em todos os níveis] o gosto pela pesquisa, da constatação, da revisão dos "achados" – o que implicaria no [sic] desenvolvimento da consciência transitivo-crítica. Pelo contrário, a sua perigosa superposição à realidade intensifica no nosso estudante a sua consciência ingênua.

Nesse sentido, podemos, e devemos até, concordar com Freire, pois nossa educação parece ter gosto pelo verbalismo, pela transmissão de ideias e, salvo honrosas exceções, rejeita a criação, a recriação, a invenção. Como ser crítico numa situação dessas? Como deixar de ser ingênuo? Como construir a consciência crítica? São questões que, talvez, uma formação reflexiva pudesse dar conta de responder.

Parece-nos necessário ver com Freire o entendimento de transitividade crítica:

> A transitividade crítica, a que chegaríamos com uma educação dialogal e ativa, voltada para a responsabilidade social e política, se caracteriza pela profundidade na interpretação dos problemas. Pela substituição de explicações mágicas por princípios causais. Por procurar testar os "achados" e se dispor sempre a revisões. Por despir-se ao máximo de preconceitos na análise dos problemas e, na sua apreensão, esforçar-se

por evitar deformações. Por negar a transferência da responsabilidade. Pela prática do diálogo e não da polêmica. Pela receptividade ao novo, não apenas porque novo e pela não recusa ao velho, só porque velho, mas pela aceitação de ambos, enquanto válidos. Por se inclinar sempre a arguições. (Freire, 2000, p. 70)

A predominância da consciência ingênua produziu a situação brasileira, não só no setor educacional da formação de professores como em todos os outros setores da vida nacional, o que é conveniente para as políticas de manutenção do poder, seja na esfera que for.

Assim, parece ser importante tomar consciência dessa realidade para poder atuar no campo da formação de professores reflexivos, de modo a propor uma mudança de postura, de atitude, de ação, da própria consciência, se é que a sociedade brasileira deseja, de fato, a transformação social.

Para encerrar (deixando inconcluso) esse diálogo com Freire, poderíamos pensar com ele como fazer para que a educação brasileira e, especialmente, a formação de professores possam interferir no processo social, possibilitando a transformação que se deseja. Assim, parece-nos que, como Freire pensa, a solução poderia estar numa formação que contemplasse:

- um método ativo, dialogal, crítico e criticizador;
- a modificação do conteúdo programático da educação;
- o uso de técnicas como a redução e a codificação.

Freire afirma que somente um método ativo, dialogal, participante, poderia propiciar o alcançe daquele propósito na educação.

um   fundamentos teórico-metodológicos
do estudo: pesquisa-ação – uma aproximação

dois   discutindo a formação de professores:
um breve olhar

três   propostas de formação de professores:
um possível diálogo com Schön, Nóvoa,
Perrenoud, Alarcão e Freire

quatro   o fazer e o pensar do professor de Língua Portuguesa: relato de uma aproximação da pesquisa-ação

cinco   construção de uma nova possibilidade
de ensinar/aprender Língua Portuguesa

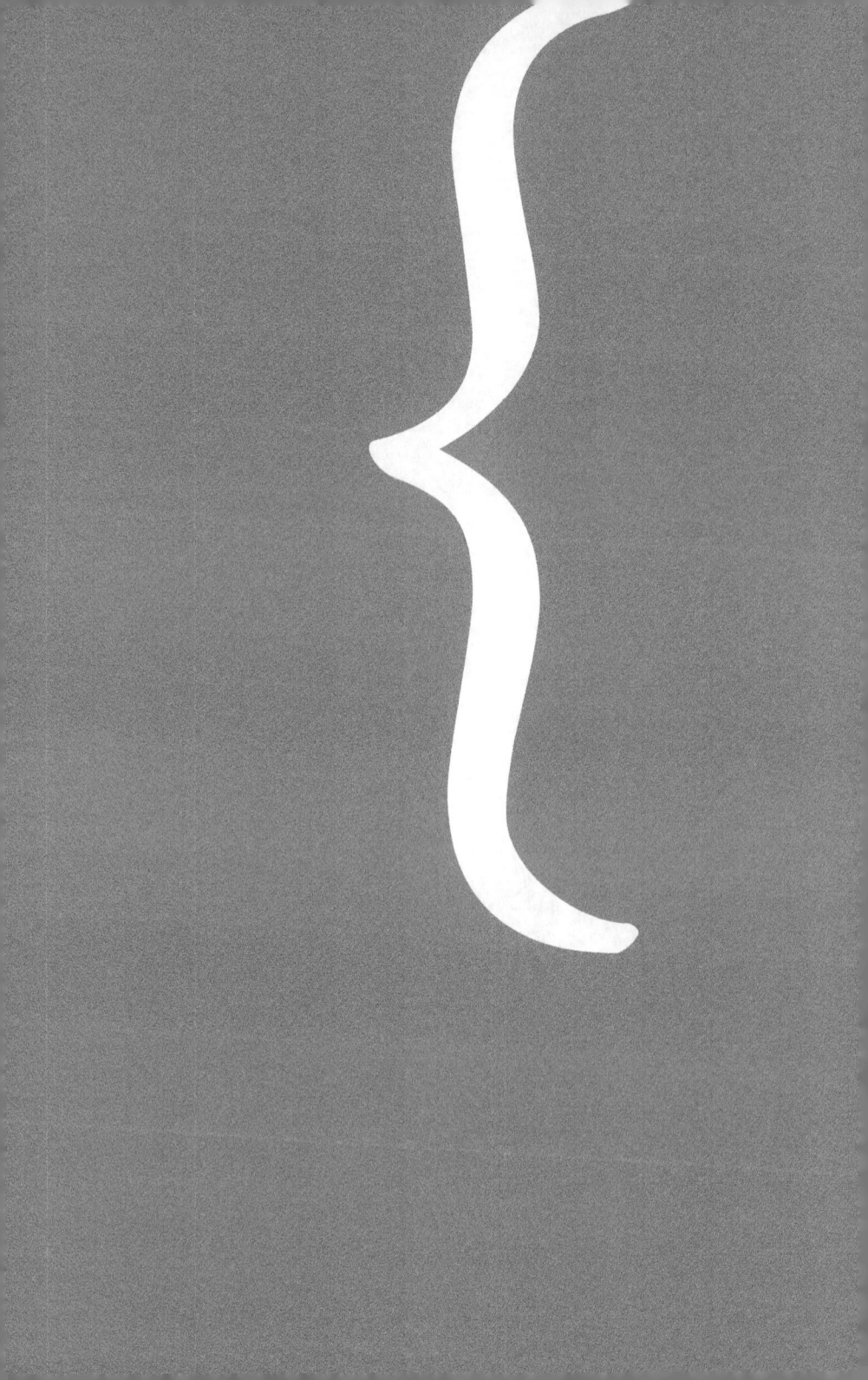

❰ ESTA PARTE DO estudo apresenta uma análise e possível interpretação de dados obtidos por meio da pesquisa realizada na cidade de Pato Branco-PR, que foi o ponto central de nosso estudo.

É preciso salientar que, inicialmente, a intenção era empreender uma pesquisa-ação a rigor, mas, pelo andamento da pesquisa, isso não se configurou até o final. Tentamos agora fazer uma relação entre os dados obtidos e o diálogo que realizamos no capítulo anterior com os autores que dão sustentação ao nosso estudo.

quatropontoum
Contextualizando os dados obtidos

O fazer pedagógico das professoras de Língua Portuguesa participantes do presente estudo foi capturado por meio de entrevista (antes do estudo proposto) e observação de aulas (depois do tempo destinado à formação), conforme proposta do Seminário Central da pesquisa. O objetivo desta parte do estudo é estabelecer uma possível relação entre o pensar e o fazer pedagógico do professor, numa tentativa de compreensão da prática que orienta as ações em sala de aula. Admite-se, neste estudo, uma "filosofia da prática", ou uma "filosofia do fazer", que determina ou arranja os atos pedagógicos.

> Se concordarmos com Sirota (1994, p. 9), para quem "a sala de aula é a caixa-preta do sistema escolar", certamente estaremos tentando estabelecer uma possível compreensão do ato pedagógico desencadeado pela ação do professor, levando à discussão de elementos de conflitos, contradições e inconsistências, que podem ser registrados à semelhança de uma caixa-preta de avião, pela verbalização dos professores e pela observação direta da sala de aula.
> Além disso, é preciso estar atento para os eventos positivos que ocorrem no ambiente ecológico da sala de aula. Em um processo de observação e em entrevistas, é muito comum o observador estar atento ao que ele classifica como "problemas", não percebendo, muitas vezes, questões altamente positivas na prática do professor.

Naturalmente, há que se considerar os contextos que constituem o entorno de uma sala de aula, mas a regra geral é que o professor dá o tom do trabalho pedagógico, especialmente no processo de ensino, manifestando uma filosofia do fazer e do agir toda própria. Parece que, nesse sentido, o processo de produção de uma aula não pode ser considerado à parte do restante do que ocorre desde a formação do professor, os diversos contextos em que a escola e os alunos estão inseridos e a prática efetiva da ação pedagógica.

Admitindo esses fatos, podemos, então, dizer que uma aula não é um fato isolado, que pode ser compreendido por si só. Há que se pensar e admitir a existência de outros fatos que colaboram e interferem no processo. Por isso, investigar como se dá a produção de uma aula, bem como os contributos que ocorrem para que a aula aconteça por meio de um processo de verbalização dos professores envolvidos no estudo, foi uma das formas encontradas para se obterem dados considerados importantes no traçado do mosaico em que se configura uma aula.

Assim, a entrevista estruturada foi organizada para servir de apoio ao estudo na obtenção de dados confiáveis para uma reflexão mais aproximada da compreensão que se pode ter do ato pedagógico. Está em jogo a compreensão do cotidiano escolar e dos conhecimentos que o professor detém sobre sua turma, pois, por meio desses dados, é possível estabelecer uma compreensão da prática pedagógica concreta. Dessa forma, o material coletado parece ser de extrema importância para se tentar estabelecer, neste ponto do estudo, uma compreensão de como o professor "pensa" a respeito da prática reflexiva, de como se dá o planejamento das aulas, de como ocorrem as aulas no ato pedagógico e da relação do currículo escolar com o cotidiano dos alunos.

> É bom lembrar que os dados para a reflexão que aqui se apresentam foram obtidos por meio de uma entrevista estruturada com seis professoras de Língua Portuguesa e que esse material foi coletado antes do processo de estudos organizado para e pelos participantes do grupo da pesquisa em desenvolvimento. O estudo foi realizado durante o ano letivo de 2001, tendo ocorrido em cerca de 40 (quarenta) encontros desse grupo. Ocorreram estudos de textos, debates e seminários sobre a questão da ação reflexiva, conforme a proposta do Seminário Central.

A entrevista enfocou, especificamente, as linhas de compreensão da relação pedagógica com o cotidiano (o pensar pedagógico) e o fazer pedagógico (planejamento, objetivos da ação, metodologia de trabalho, dificuldades). Nesse sentido, a verbalização constitui-se num material riquíssimo de análise, pois tanto se pode considerar o conteúdo manifesto quanto o conteúdo latente como fonte de dados para se percorrer o complexo caminho de se estabelecer uma relação entre a teoria e a prática pedagógicas, sem cair no verbalismo vazio ou no discurso inconsequente da mudança da prática pedagógica.

Dessa forma, o saber e o fazer pedagógico são os referenciais utilizados como categorias prévias na organização das questões que apresentaram o fio condutor da entrevista.

Definir as categorias de análise e interpretação não é uma tarefa muito tranquila numa pesquisa qualitativa. Mesmo assim, é necessário estabelecer critérios de análise capazes de sinalizar o caminho percorrido. Assim, em função dos objetivos deste estudo, optamos por um modelo misto de análise. As categorias foram selecionadas no início, mas ao longo do estudo podiam modificar-se em função da análise a que poderiam conduzir.

A princípio, algumas questões foram consideradas como categorias por pensarmos que poderiam constituir o eixo condutor da discussão proposta, ou seja, poderíamos, por meio das questões, investigar as possibilidades e os limites de ação pedagógica voltada para a prática reflexiva. Naturalmente que, ao proceder dessa maneira, estamos estabelecendo uma opção, traçando um caminho, que, com olhos de outro investigador, poderia ser diferente.

> Assim, a primeira categoria que serviu de base para nosso estudo foi o entendimento do que as professoras pensam que seja reflexão. Essa concepção parece ser importante, na medida em que abre as discussões para o encaminhamento de uma "ação prática reflexiva".
> A segunda categoria teve como enfoque a questão mesmo da prática reflexiva. Ao questionar as professoras sobre a concepção de prática reflexiva, estabelecemos parâmetros para compreender a ação pedagógica que naquele momento elas desenvolviam em sala de aula e qual o entendimento que tinham da prática reflexiva.

Tendo essas duas categorias inicialmente como fio condutor da entrevista, o passo seguinte foi abordar o planejamento das aulas. Essa categoria parece ser importante porque contribui claramente para a compreensão entre o que é dito e o que é feito, ou seja, evidencia-se na observação a relação entre o discurso e a prática, podendo-se compreender melhor a dimensão da proposta de trabalho das professoras.

As categorias seguintes envolveram o fazer na sala de aula. Questões como o que você faz na sala de aula, o que deixa de fazer e o que gostaria de fazer estão diretamente ligadas à questão do planejamento.

Perceber até que ponto as professoras dizem que fazem alguma coisa e como o fazem com base no planejamento que dizem realizar é importante para percebermos como seria a prática pedagógica das profissionais na sala de aula.

Outra categoria levantada inicialmente e que parece dar o tom do discurso e da prática pedagógica é a proposta curricular. Saber a concepção de currículo e como as professoras participantes da pesquisa fazem uso deste é uma grande contribuição para podermos entender o planejamento e as ações práticas, cotidianas da sala de aula.

Os materiais usados na sala de aula para a ação pedagógica devem também ser objeto de reflexão, porque se relacionam às práticas que as professoras adotam, dando uma noção de que tipo de ensino prático ou teórico é desenvolvido.

Na sequência, para compreendermos melhor o ensino praticado pelas professoras, levantamos a categoria da prática de ensino, solicitando que elas respondessem à questão "Como vocês ensinam?". A resposta a essa pergunta poderia confirmar ou refutar todas as considerações anteriores a respeito do ensino praticado em sala de aula.

Ainda, concepções importantíssimas e que foram categorizadas em leitura, produção de textos e gramática fizeram parte da entrevista, de forma que pudéssemos estabelecer parâmetros de comparação entre o planejamento, a ação e o discurso das professoras e responder a questões ligadas às possibilidades e aos limites da prática reflexiva na Língua Portuguesa.

Para fechar a entrevista, duas categorias serviram de ponto de reflexão: contribuição do currículo adotado na escola e a concepção de ensino prático. Essas duas categorias inter-relacionam-se e, de certa forma, são complementares na medida em que, com elas, é possível à professora estabelecer o *design* de sua prática pedagógica.

> A sala de aula não é apenas complexa na sua amplitude e variabilidade, é também no sentido que se atribui às ações realizadas pelo professor e pelos alunos num embate teórico-prático que pode ser o resultado de um "ambiente desesperadamente cheio e desesperadamente vazio ao mesmo tempo" (Sirota, 1994, p. 15), possibilitando a compreensão de que os atos pedagógicos podem ser realizados na perspectiva de se cumprir o conteúdo programático escolar para uma sala "cheia" de alunos e, no entanto, vazia de sentido.

Os estudos da sala de aula, separados de todos os elementos históricos e sociais amplos, são uma amostra muito clara do isolamento do fenômeno em foco. "Por outro lado, a interpretação dos fenômenos que se apresentam numa sala de aula oferece a possibilidade de esclarecer alguns elementos culturais, como os valores, que caracterizam o mundo vivido dos sujeitos" (Triviños, 1987, p. 48). O autor complementa sua linha de raciocínio afirmando que "o contexto cultural onde se apresentam os fenômenos permite, pela interpretação deles, estabelecer questionamentos, discussões dos pressupostos e uma busca dos significados da intencionalidade do sujeito frente à realidade" (Triviños, 1987, p. 48).

Para tentar traçar uma possível compreensão da prática pedagógica, este estudo considera o ponto de vista e a verbalização das professoras, que serão, em seguida, em outra parte da obra, confrontados por meio de uma grade de observação.

Ora, sabemos perfeitamente que o cotidiano é algo complexo, e é esse "algo complexo" que dirige a vida diária, que dá forma às ações perpetradas na sala de aula e à maneira como as professoras vivenciam as ideias verbalizadas nas entrevistas, evidenciando determinada realidade experimentada por essas educadoras. Por isso, o discurso das profissionais da educação inquiridas torna-se um material de riqueza inestimável para tentar estabelecer as relações entre o que elas pensam e o que dizem que fazem em sala de aula. Ou seja, pode ser possível estabelecer uma relação entre a filosofia do saber e a filosofia do fazer.

É a experiência vivida pelo sujeito, pelo ator da sala de aula, que se manifesta no discurso, possibilitando a leitura do explícito e do implícito, do dito e do contido de maneira velada nas falas das professoras.

quatropontodois
A prática pedagógica da sala de aula: um primeiro olhar

Feitas essas considerações iniciais, passamos, então, à análise e à interpretação das verbalizações ocorridas por ocasião da entrevista. É bom salientar que participaram do questionamento 6 (seis) professoras da rede pública de ensino que fizeram parte da pesquisa. Também é bom deixar claro que as questões, em número de 15 (quinze), foram organizadas tendo em vista o objetivo de compreendermos o que pensa e o que faz o professor de Língua Portuguesa na sua prática pedagógica.

Assim, as questões apresentam-se estruturadas em dois blocos – um que se destina a investigar questões relacionadas ao saber (reflexão, conceitos, planejamento, currículo, leitura, produção de textos, gramática) e outro relacionado ao fazer (ação metodológica, materiais de ensino, conteúdo de ensino) – que, na verdade, se interpenetram e se complementam, não podendo ser analisados separadamente.

O questionamento iniciou pela compreensão da palavra *reflexão*. Parece ser importante, antes mesmo de outros questionamentos, que o professor possa dizer o que pensa ser esse conceito; por isso, foi solicitado às professoras que se manifestassem sobre a compreensão que têm desse termo.

Em suas verbalizações, as professoras, em sua maioria, permaneceram na conceituação do dicionário, entendendo *reflexão* como "o pensar, o retomar e recomeçar", ou como o "pensar, repensar e agir depois", no dizer de uma das professoras, ou, ainda, "perceber você no mundo" ou então nestes termos: "Reflexão para mim é voltar atrás, é refletir sobre aquilo que se diz, buscar novas condições para embasar teu pensamento".

Essas considerações revelam um saber dicionarizado, pois, segundo o *Dicionário Aurélio de língua portuguesa*, *reflexão* é o "ato ou efeito de refletir" ou, de uma forma mais específica "volta da consciência, do espírito sobre si mesmo, para examinar o seu próprio conteúdo, por meio do entendimento, da razão" (Ferreira, 1988, p. 557).

Parecem estar presentes na verbalização dos professores questões ligadas filosoficamente à práxis espontânea e, em algumas falas, à práxis reflexiva.

> Entendendo a práxis espontânea como o fazer pelo fazer, percebemos, na verdade, certo espontaneísmo por parte das professoras, pois estas reproduzem, sem maiores considerações, significados ligados a uma tradução dicionarizada. Isso pode ocorrer devido ao próprio processo escolar, que não proporciona ocasiões para debates, reflexões, estudos, produção de

> conhecimentos, pois a grande maioria dos professores tem uma carga horária elevada, o que dificulta um processo de construção de um saber mais elaborado e mais reflexivo.
> Na linha filosófica da práxis reflexiva, parece também que uma professora se refere a esse particular quando diz que reflexão "é perceber você no mundo". Nesse sentido, parece que ela considera a consciência de si como algo inerente ao processo reflexivo. Pode-se considerar que, na fala em tela, a professora demonstra saber que a práxis reflexiva demanda uma elevada atividade da consciência, pois exige o estabelecimento de relações complexas para "perceber você no mundo", no dizer da professora.

Assim, parece que poderíamos aqui nos referir a Vázquez (1977, p. 281), quando afirma que "a práxis criadora exige uma elevada atividade da consciência, não só ao traçar, no início do processo prático, a finalidade ou o projeto original que o sujeito procurará plasmar com sua atividade material, como também ao longo de todo o processo". Essa atividade de consciência certamente exige que o sujeito seja capaz de estabelecer relações entre o que está aprendendo, a realidade que vive e a necessidade de transformação ou a aceitação do fato.

De qualquer forma, parece que aqui podemos dizer que há um indício da prática reflexiva, se bem que, ao longo do estudo, esse indício poderia ir se diluindo e não se concretizar na sua plenitude.

Na linha da questão anterior, solicitamos que as professoras se manifestassem sobre o que entendiam por *prática reflexiva* na sala de aula. Para uma das entrevistadas, "prática reflexiva na sala de aula é quando [se] está trabalhando um conteúdo, surge uma dúvida ou uma resposta que a gente não esperava, a gente retoma, refaz o caminho, vê o entendimento que a gente espera do aluno, vê o equilíbrio, [ou seja,] que o aluno entenda o que a gente quer que ele entenda". Para outra professora, reflexão "é voltar atrás, é refletir sobre aquilo que se faz".

> A ideia manifesta nessas considerações leva a crer que as professoras, quando surge algo inesperado, estabelecem uma prática de parar tudo e se distanciar do contexto, pensar e, retomando as ideias e os conceitos, tentar construir com o aluno as respostas para os objetivos que elas traçaram, pois, segundo uma das entrevistadas, é preciso que o aluno entenda o que "a gente quer que ele entenda".

Já para outra das professoras questionadas, o conceito de prática reflexiva em sala de aula é ainda bastante nebuloso, pois a entrevistada disse que "prática reflexiva é eu colocar em prática o que eu refleti, eu reflito em cima de um determinado assunto várias vezes e aplico aquilo que eu conceituei depois no final". Nessa fala, é possível perceber que a professora considera que a prática reflexiva seja o resultado do arranjo de um pensamento, repetido várias vezes em busca da solução de um problema.

> Nesse sentido, há a possibilidade de se pensar como Dewey (1910, p. 123), pois, para o referido autor, "os dados e as ideias são as pedras basilares do processo reflexivo, pois será da interação entre eles que há de surgir uma conclusão".
> Mas é preciso levar em consideração, nesse processo, os dados, as circunstâncias que possibilitam as inferências e até que ponto o julgamento ou a decisão estabelecida é de fato um bom julgamento.
> Por outro lado, Dewey (1910) acena com a questão do emprego do bom senso. Certamente, professores experimentados e com bons conhecimentos têm a possibilidade de se utilizarem dessas experiências e vivências e acertarem na decisão, pois o bom senso pode auxiliar na resolução.

Ao fazer seu comentário, uma professora afirmou que a prática reflexiva "é o pensar, porque os alunos hoje têm preguiça de pensar, eles não têm o hábito de pensar". Parece que essa consideração poderia ser mais adequada ao sentido da palavra *reflexão* do que propriamente ao de *prática reflexiva*. Mas, como dissemos anteriormente, há que se considerar também as incertezas, as dúvidas, as controvérsias presentes no pensar e no agir pedagógico dos professores.

Outra professora apresentou uma consideração interessante quando disse que "prática reflexiva em sala de aula é trabalhar com os alunos, explorando a potencialidade deles, dentro das possibilidades que eles têm para produzir, tanto na oralidade quanto na escrita".

> Aqui a professora manifesta a ideia de que a atividade pedagógica pode ser uma atividade com duas faces: uma intelectual e outra prática. A intelectual buscaria os conhecimentos construídos ao longo do processo de aprendizagem por meio da ação reflexiva, do pensamento, e a outra, a face prática, seria determinada pelas ações do fazer algo prático para dar cumprimento a um objetivo de construção de algo prático. O interessante nessa situação é que a professora diz que pode explorar o potencial dos alunos, isto é, com os conhecimentos que eles manifestam, é possível ir além do objetivo proposto, tornando a atividade pedagógica algo que tenha sentido para professor e aluno.

Diante de tais comentários, podemos recorrer a Schön, que apresenta duas vertentes para o pensamento reflexivo. Para o autor, existe a reflexão na ação e a reflexão sobre a ação. De acordo com o referido autor (2000, p. 32),

> *podemos refletir sobre a ação, pensando retrospectivamente sobre o que fizemos, de modo a descobrir como nosso ato de conhecer na ação pode ter contribuído para um resultado inesperado. Podemos proceder dessa forma após o fato, em um ambiente de tranquilidade, ou podemos fazer uma pausa no meio da ação para fazer o que Hannah Arendt (1971) chama de "parar e pensar".*

Pelas verbalizações registradas, é possível considerarmos que esse é o procedimento geral das professoras. A maioria para e pensa após o fato. A esse respeito, considera Schön (2000, p. 32) que

> como alternativa podemos refletir no meio da ação, sem interrompê-la. Em um presente da ação, um período de tempo variável com o contexto durante o qual ainda se pode interferir na situação em desenvolvimento, nosso pensar serve para dar nova forma ao que estamos fazendo, enquanto ainda o fazemos.

Ao explicitar essas ideias, Schön (2000) diz que esse tipo de comportamento ou de ação tem uma sequência de "momentos" próprios. Observa o referido autor que há, primeiramente, uma situação de ação para a qual são trazidas respostas espontâneas e de rotina, que pode ser compreendida como um processo de estratégias que se usa para dar conta de uma situação.

Ainda nas palavras de Schön (2000, p. 34), "independentemente da distinção de seus momentos ou da constância de sua sequência, o que distingue a reflexão na ação de outras formas de reflexão é sua imediata significação para a ação". Ora, em nenhum momento na verbalização das professoras pudemos observar, nem explícita nem implicitamente, tais posições, o que revela que a prática reflexiva, na verdade, é desconhecida das professoras.

Na verdade, recorrendo a Vázquez e contrapondo as ideias do autor com as de Schön, podemos perceber que o que as professoras acabam dizendo é que existe uma "prática sem sujeito consciente e, portanto, sem um autor com o qual possamos colocá-la numa relação de causa e efeito" (Vázquez, 1977, p. 317). Ainda de acordo com o referido autor, é possível considerar que se trata de "uma práxis opaca, sem uma atividade cujos resultados não se ajustam a um modelo ideal de um sujeito ou de um conjunto deles, ou seja, eles não atuam coletivamente de acordo com um projeto ou objetivo comum de cuja elaboração e realização participassem conjugando causas e objetivos diversos" (Vázquez, 1977, p. 317). Em outras palavras, não há possibilidade de se configurar a verdadeira práxis reflexiva, uma vez que não se registra possibilidade de transformação de uma realidade pela ação individual ou coletiva.

Fazendo uma ligação com o ponto anterior, as professoras foram questionadas sobre o que é ensino prático para elas. Uma das entrevistadas manifestou-se dizendo que "ensino prático é isso que a gente está fazendo. A gente dá a atividade, eles fazem, a gente observa e vê onde precisa melhorar". Em nossa opinião, é notória aqui a confusão estabelecida entre o pensar e o fazer, ou seja, entre uma prática de planejamento, ação e reflexão, uma vez que não está claro na verbalização da professora o significado próprio de ação prática. Esta poderia muito bem ser apenas uma ação mecânica, do fazer pelo fazer, como poderia ser uma ação pensada, refletida durante a própria ação. Nesse sentido, é preciso levar em consideração o que diz Shavelson (1986, p. 165) com relação ao professor, visto como "profissional que toma decisões razoáveis num contexto complexo e incerto".

A intenção da questão apresentada era justamente tentar perceber no professor o profissional prático e descobrir os mecanismos por meio dos quais enfrenta o compromisso de levar a cabo a ação pedagógica.

> Explorando ainda os comentários sobre o conceito de ensino prático, as professoras disseram que:
> "[...] penso que é deixar de lado esse planejamento imposto pela escola, pelo governo, sei lá, e você tentar fazer alguma coisa [, fazer] o aluno praticar em sala de aula coisas do interesse dele".

> E
> "Ensino prático é trabalhar dentro de todos os âmbitos da leitura, oralidade e da escrita. Acho que a prática é isso, é fazer de várias maneiras e que o aluno aprenda".
> Ou
> "Ensino prático [...] o nome já diz: é colocar em prática aquilo que você aprendeu".
> Ou ainda:
> "O ensino prático, para mim, é aquilo que você precisa para enfrentar um vestibular, uma faculdade, um trabalho".

Vejamos o que diz Pérez-Gómez (citado por Zabalza, 1994, p. 46) sobre a atuação prática do professor:

> *o professor pode considerar-se como um agente clínico que, perante os problemas concretos que aparecem na aula, utiliza o seu conhecimento e as suas estratégias de pesquisa e de investigação para elaborar um diagnóstico, estabelecer um prognóstico, selecionar o tratamento e comprovar os resultados.*

Há uma distância muito grande entre o que pensam as professoras e o que se faz no ensino prático. Fica mais uma vez evidenciada a questão da dicotomia entre a teoria e a prática. Melhor dizendo, recorremos a Zabalza (1994), para quem a atuação prática do professor, traduzida em tarefas e obrigações específicas, caracteriza-se da seguinte forma:

- *classificar e dar sentido a um conjunto numeroso e diverso de informação sobre os alunos e a estrutura da classe;*
- *recolher e utilizar os conhecimentos empíricos e teóricos extraídos da investigação educativa;*

- *combinar e integrar a dita informação com as próprias crenças, expectativas, atitudes, objectivos;*
- *responder, julgar, adotar decisões e reflectir sobre os processos e resultados.* (Zabalza, 1994, p. 47)

Diante de tais circunstâncias, é preciso reconhecer que a formação do professor, tanto na graduação como em serviço, não tem contemplado a prática reflexiva, uma vez que identificamos muitas incertezas, dúvidas e controvérsias entre os falares das professoras em torno do mesmo assunto. Podemos estabelecer nesta altura do texto um ponto de apoio em Freire, quando este comenta sobre a nossa tarefa como educadores e, portanto, provocadores da práxis reflexiva em nossos alunos:

> *Nossa tarefa como educadores libertadores que precisam treinar para o trabalho é levantar questões críticas sobre o próprio treinamento que estamos dando. Nossos estudantes devem ganhar a vida, e ninguém pode desconhecer essa necessidade, ou menosprezar esta sua expectativa educacional. Ao mesmo tempo, o problema pedagógico é de que maneira intervir no treinamento, no sentido de despertar a consciência crítica sobre o trabalho e também sobre a formação profissional.* (Freire, 2000, p. 86)

Outra questão apresentada à discussão da pesquisa realizada disse respeito ao currículo escolar. O objetivo da questão era tentar estabelecer as relações entre o currículo, o planejamento, a atividade da sala de aula e o cotidiano escolar. A tradição escolar brasileira atribuiu aos sistemas estaduais de ensino a tarefa de elaborar e implementar os currículos escolares, que têm servido como documento oficial para a ação pedagógica nas escolas.

Ora, sendo um documento oficial e interferindo diretamente na prática pedagógica, é interessante saber até que ponto os professores consideram o currículo com um caráter de obrigatoriedade e em que medida há uma margem de autonomia por parte dos profissionais da educação no que diz respeito à sua adoção e interpretação.

Dessa forma, buscamos colher das professoras as considerações a respeito do currículo, com o intuito de estabelecermos as relações entre a prática pedagógica e o documento oficial.

Uma das entrevistadas considera o currículo como "um roteiro, uma maneira, um caminho que se tem a seguir na medida do possível". A referida professora estabelece, assim, um conceito de que o currículo não é algo obrigatório, a ser implantado ao pé da letra, mas, sim, dentro das possibilidades, sem deixar clara, no entanto, a questão do cotidiano e dos diversos contextos aos quais o aluno e a escola estão submetidos. Ainda assim, nas entrelinhas, podemos dizer isto: a professora tem em mente que o currículo é apenas um possível roteiro de trabalho, que pode ser modificado, adaptado às condições da escola.

Já para outra professora, o currículo constitui-se num motivo de fuga. São palavras dela:

> *eu considero, não sei que adjetivo vou usar, eu tenho fugido muito dele. Mesmo que esteja escrito, documentado, mas eu tenho fugido porque não vejo muita finalidade, meus alunos não veem sentido nos conteúdos que devemos passar. Eles não têm interesse. Eu não sinto interesse neles, se você entra na sala de aula para trabalhar uma gramática pura, e a partir do momento que você traz outro tipo de conteúdo [pelo qual] eles se interessam, eles gostam de fazer.*

A verbalização dessa professora deixa clara uma falta de entendimento do que seja o currículo e da forma como o currículo é apresentado e considerado pela escola. Se não faz sentido, é porque a escola não se deu ao trabalho de adequá-lo, de contextualizá-lo. Outro tópico que se pode discutir é o próprio entendimento de conteúdos de ensino apresentados pelo currículo. A questão de se trabalhar gramática pura ou não é uma opção metodológica do professor, não do currículo.

Na mesma linha de pensamento está a verbalização de outra professora, que disse: "o currículo vem pronto e nós temos que trabalhar o que está no currículo". A professora prosseguiu, considerando que "nós fazemos o nosso planejamento dentro desse currículo, eu acho que cada escola deveria fazer o seu currículo".

> Explicita-se, por meio dessas considerações, até que ponto a escola é autônoma para se adaptar ao currículo oficial. Não seria da gestão do currículo, ligada aos profissionais da área pedagógica da unidade escolar – supervisão, orientação, direção –, a tarefa de organizar uma atividade na qual o professor pudesse interferir e, com base no que propõe o currículo, fazer as adaptações necessárias aos contextos da escola, a fim de que tenha sentido o trabalho pedagógico?

Prosseguindo na análise, outras três professoras consideram que o currículo está adaptado à realidade, que é satisfatório, mas que não há tempo para fazer tudo o que é proposto.

Na verbalização dessas professoras, podemos dizer que o currículo é entendido como uma peça que orienta, de maneira geral, a atividade pedagógica, que propõe conteúdos que precisam ser analisados, discutidos e validados para cada unidade escolar. Uma das professoras fez a seguinte afirmação, ao referir-se a essa adaptação: "o currículo da Língua Portuguesa está adaptado à nossa realidade; nós procuramos vivenciar com o aluno o seu dia a dia, procuramos fazer atividades reflexivas, no sentido de o aluno trazer para a sala de aula a sua vivência". Para essa professora, o currículo sofre as interpretações locais, as interferências da unidade escolar, da proximidade do currículo com o cotidiano dos alunos e com a realidade local.

A compreensão do currículo, neste estudo, é fundamental para podermos entender a prática pedagógica. Parece que, na verdade, há certa confusão nesse particular. O currículo, para algumas professoras, é documento orientador, que pode ser modificado de acordo com a realidade local e, para outras, é documento oficial que precisa ser cumprido sem questionamento.

A questão anterior conduz à reflexão para a adoção do cotidiano dos alunos da escola por parte do currículo. Apresentada essa questão às professoras, as verbalizações confirmam as respostas à questão anterior. Uma das professoras diz:"[...] a gente adapta. De acordo, de acordo, não está [...]", e a entrevistada ainda afirma que um currículo não é documento fechado: "Ele dá muita abertura, não vem pronto" e diz com clareza:"a gente tem que trabalhar os conteúdos, e o como trabalhar cada um deve ser direcionado de acordo com a clientela, com os alunos que têm e as necessidades que eles apresentam e com aquilo que a gente conhece e sabe que vai ajudar".

> Essa visão da professora demonstra claramente a ideia de que o currículo não é externo à vontade do professor, de que vem pronto e acabado, algo para ser transmitido ao aluno. Para a entrevistada, a autonomia da escola revela-se na possibilidade da adaptação e na decisão de como trabalhar os conteúdos e, mais do que isso, na capacidade do professor de saber o que os alunos precisam aprender, levando a uma ação mais próxima da realidade do aluno.

A ideia de que o currículo é algo pronto e fechado se confirma na opinião de duas professoras, como ocorreu com a questão anterior. Ao se referirem ao currículo e à sua relação com o cotidiano, as entrevistadas afirmaram:

> "Bom, o currículo da escola eu nem sei direito. Na realidade, fiz um planejamento meu, com as habilidades e competências que achei que valia a pena e sigo naquilo que eu fiz. Porque no papel tudo é bonito, tudo é lindo, maravilhoso, mas na prática tudo é diferente. Para ficar arquivado na escola, se deixa arquivado o que querem, pois o currículo não tem quase nada a ver com o cotidiano dos alunos."
>
> "Infelizmente o currículo não contempla o cotidiano. Nós temos 40, 45 alunos em sala de aula e para fazermos um currículo dentro da realidade dos nossos alunos, é complicado. Nós não temos trabalhado nesse sentido, porque o currículo é uma coisa pronta. Eu acho muito difícil adaptar, programar alguma coisa na realidade de nossos alunos. É muito complexo."

Nas verbalizações anteriores, percebemos perfeitamente a falta de um trabalho de equipe pedagógica na unidade escolar, bem como de uma ação pedagógica que conduza à reflexão, à tomada de decisão, ao estudo.

É possível dizer que as professoras se sentem como se fossem um apêndice do processo pedagógico, como se devessem apenas repassar conteúdos e não trabalhar na perspectiva de construção de conhecimentos, revelando ainda que tentam exatamente isso ao se rebelarem contra o currículo posto. Mas mostram também a total falta de apoio, de trabalho em equipe na gestão do processo pedagógico. Podemos considerar, ainda, a fala da segunda professora como um desabafo ou até como uma questão de impotência. Parece que a professora se sente impotente diante do desafio de planejar, de ensinar, de decidir e, então, se acomoda e faz simplesmente o que a escola pede.

É interessante observar que, na fala das outras professoras, repete-se o entendimento de que o currículo está adequado. Elas consideram que é preciso melhorar, rever alguns pontos, mas que o aluno está inserido no currículo. Vejamos:

> o currículo não fica alheio à realidade do aluno, pelo menos a gente procura fazer com que ele seja mais flexível [...] Procuro aproximar muito o currículo da realidade do aluno e cabe ao professor trazer os textos para a realidade dos alunos, [...] o currículo tem que ser adaptado às necessidades de cada escola, dos educandos, de cada comunidade... em alguns aspectos, ele está adaptado a nossa realidade, em outros não, porque a realidade do estado é uma, da cidade é outra e a realidade de cada escola é também diferente.

Nessas verbalizações, certamente se encontra a problemática do currículo em relação com quem aprende. Quando a professora diz que procura aproximar o currículo do aluno, revela a preocupação com o estudante.

Ainda, podemos observar que a preocupação das professoras é com o currículo como simples conhecimento que deve ser repassado aos alunos, como algo dado, pronto e acabado, e não como processo de construção de conhecimentos, que necessita de um currículo que respeite a rede de significados do aprendiz. Para estabelecer uma reflexão a respeito do que as professoras verbalizam, recorremos a Freire, que faz a seguinte afirmação:

> A educação é muito mais controlável quando o professor segue o currículo padrão e os estudantes atuam como se só as palavras do professor contassem. Se os professores ou os alunos exercessem o poder de produzir conhecimento em classe, estariam então reafirmando o poder de refazer a sociedade. A estrutura de conhecimento oficial é também a estrutura da autoridade social. É por isso que predominam o programa, as bibliografias e as aulas expositivas como formas educacionais para conter os professores e os alunos nos limites do consenso oficial. O currículo passivo baseado em aulas expositivas não é somente uma prática pedagógica pobre. É o modelo de ensino mais compatível com a

promoção da autoridade dominante na sociedade e com a desativação da potencialidade criativa dos alunos. (Freire, 2000, p. 21)

Uma das questões básicas para perceber a ação pedagógica é, com certeza, a questão do planejamento. Como foi citado anteriormente, parece interessante, para compreender a prática pedagógica dos professores, questioná-los a respeito de seu fazer.

Esse fazer inclui o planejamento, as atividades de sala de aula, os materiais pedagógicos, a questão da leitura, da produção de textos e da gramática. Por isso, o planejamento é um dos grandes instrumentos de que se serve a educação para a manutenção do estado de coisas que se verifica na realidade educacional. Como explica Freire (2000, p. 61),

> *Nenhuma ação educativa pode prescindir de uma reflexão sobre o homem e de uma análise sobre suas condições culturais. Não há educação fora das sociedades humanas e não há homens isolados. O homem é um ser de raízes espaciotemporais. De forma que ele é, na expressão feliz de Marcel, um "ser situado e temporalizado". A instrumentação da educação – algo mais que a simples preparação de quadros técnicos para responder às necessidades de desenvolvimento de uma área – depende da harmonia que se consiga entre a vocação ontológica deste "ser situado e temporalizado" e as condições especiais desta temporalidade e desta situacionalidade.*

Até que ponto nossos professores utilizam o planejamento na perspectiva freiriana? Em que momentos da vida escolar podemos perceber essa preocupação com o ato de planejar as situações e ações pedagógicas da sala de aula? Falando do planejamento, quatro das professoras entrevistadas dizem que fazem planejamento, que o consideram como um ato importante. É interessante observar que, para cada uma das entrevistadas, a ideia de

> planejamento é diferente. O que chama a atenção na verbalização é que cinco delas se referem ao livro didático como uma ferramenta imprescindível e que, na verdade, parece nortear o planejamento:"Nós temos o livro didático, nós seguimos as lições do livro didático... Nós temos nosso livro-texto, então trabalhamos de acordo com o texto dado";"[...] eu faço o planejamento dentro daquilo que a escola pede". Essas falas confirmam o que anteriormente foi considerado pelas professoras a respeito do currículo. Parece mesmo que há certa imposição para a adoção do currículo e o trabalho com o livro didático. Assim, fica confirmado que é difícil trabalhar com o cotidiano dos alunos, uma vez que os livros didáticos não são elaborados com base nas realidades locais, e sim a partir de uma intenção do autor.

Uma professora afirmou que frequentemente não planeja as aulas, pois, conforme declarou,"muitas vezes eu planejo e chego na sala de aula e tenho que mudar totalmente... Mas na maioria das vezes eu mudo totalmente o roteiro porque ocorrem fatos diferentes e eu sigo o que aparece dentro da sala de aula".

Fica difícil estabelecer uma relação com o sucesso ou com o fracasso do aluno, ou mesmo das aulas, com o planejamento. Não se sabe muito bem o que se planeja e o que contribui para a aprendizagem dos alunos e o sucesso do professor.

Diante das considerações das professoras, é possível inferirmos que parece não haver conexão entre o saber, o planejar e o agir. Ou seja, parece que a ação pedagógica é desarticulada de um projeto de escola, de um planejamento que tenha em vista o cotidiano dos alunos. Parece-nos que, nesse sentido, a ideia de Freire da vocação ontológica do ser humano não é levada em consideração. Não se percebe na verbalização das professoras a noção de "sujeito" presente na preocupação de Freire, pois, segundo ele:

> *Se a vocação ontológica do homem é a de ser sujeito e não objeto, só poderá desenvolvê-la na medida em que, refletindo sobre suas condições*

> *espaciotemporais, introduz-se nelas, de maneira crítica. Quanto mais for levado a refletir sobre sua situacionalidade, sobre seu enraizamento espaciotemporal, mais "emergirá" dela conscientemente "carregado" de compromisso com sua realidade, da qual, porque é sujeito, não deve ser simples espectador, mas deve intervir cada vez mais.* (Freire, 2000, p. 61)

Como as professoras atuam em diversas séries, tanto no ensino fundamental como no médio, solicitamos a elas que escolhessem uma série e dissessem o que estavam fazendo naquela faixa de ensino. A primeira professora escolheu a 5ª série e disse: "Estou trabalhando substantivos uniformes, biformes e tipos de frases". Na sua verbalização, a professora não disse como está trabalhando esses conteúdos de ensino. A segunda professora manifestou-se dizendo que estava trabalhando na 8ª série um projeto sobre as comunicações. Disse: "estou trabalhando na 8ª série um projeto sobre comunicação. Eu trabalhei sobre o correio, as formas de comunicação como bilhete, carta, telegrama. Fomos aos Correios, levei os alunos lá para ver como é a prática do telegrama, desde o recebimento até a entrega". É interessante observar que essa professora é a mesma que disse que não planeja a maioria das aulas. Mas parece que, nesse caso, houve um planejamento e uma prática significativa. A terceira professora disse: "Estou trabalhando com textos, leitura e produção. Produção crítica de textos". Aqui também a professora não disse como está trabalhando nem o que considera como "produção crítica". Nesse caso, há uma relação com o que a professora disse a respeito do planejamento, pois ela afirma: "planejo minhas aulas em textos". O que não fica claro é que tipo de textos: textos críticos em relação a quê? Novamente, não se sabe se ações pedagógicas dizem respeito ao cotidiano ou não. A quarta professora manifestou-se dizendo o seguinte:

> *Na Língua Portuguesa, nós estamos buscando trazer para o aluno um mundo, todo o mundo que está aí, um mundo de novas práticas e trazendo dentro desse mundo de hoje o conhecimento da gramática, da ortografia, de sintaxe e isso tudo é feito através de textos, textos muito bonitos. Através de textos você vai fazendo com que o aluno reflita a vivência, a prática da Língua Portuguesa. Fazemos uma conversa no exercício de oralidade e depois é inserida a gramática, gramática vista como parte essencial da Língua Portuguesa.*

Nas considerações dessa professora temos certa contradição, pois, na questão do planejamento, ela disse que utiliza os textos do livro didático e aqui considera que apresenta textos "muito bonitos", mas não informou que tipo de textos – texto sobre o cotidiano das pessoas? Textos literários? Textos do livro didático?

Enfim, percebemos contradições na fala da professora, apesar de esta dizer que provoca a reflexão e relaciona o texto com a vivência dos alunos. A entrevistada afirmou que realiza uma prática de análise por meio da oralidade e que, em seguida, insere o estudo da gramática. Ao dizer isso, não explicou como é feita essa atividade. Pode ser que ela o faça por meio de levantamento de questões gramaticais presentes nos textos ou simplesmente faça um estudo gramatical com normas e empregos destas. Isso não fica claro.

A quinta professora disse que, com as turmas de 2ª série (ensino médio), trabalhou análise e produção de textos. A entrevistada, ao se manifestar, comentou: "[...] e dentro da análise trabalhei as orações coordenadas e subordinadas. Trabalhei de uma forma que eles conseguiram entender, foi válido". Na manifestação da professora, novamente não fica clara a forma de trabalho; ela disse que foi válido, que foi de uma forma pela qual alunos entenderam o conteúdo, mas não explicou que forma é essa. A sexta professora comenta o seguinte:

> [em] todas as segundas séries (ensino médio), estou trabalhando temas diversos como a juventude e o emprego [...] eles tiveram oportunidade de fazer um projeto de trabalho e por eles mesmos buscar formas de conseguir saber o que querem com o tema. [...] já estou com os registros reais, escritos por eles, pois entrevistaram pessoas ligadas a essa área. A partir desse conhecimento é que eles produziram seus textos [...] estamos trabalhando projetos.

Essa professora foi mais clara que as demais, dizendo o que faz e como o faz. Parece estabelecer uma relação muito dinâmica com o currículo, o planejamento e a ação realizada na sala de aula.

> Nas considerações sobre a questão do que as entrevistadas estão fazendo, evidencia-se a relação da teoria com a prática. A metodologia de ensino não fica clara na maioria das falas das professoras, parecendo haver certo receio ou dificuldade para explicitar a prática. Nenhuma delas refere-se claramente ao modo de agir, de realizar o ato pedagógico. A prática pedagógica do professor é importante para compreender a relação do conteúdo com o cotidiano dos alunos, e parece que em nenhum momento as professoras conseguem explicitar com clareza o que estão e como estão fazendo.

Outra questão apresentada referiu-se ao que as professoras deixam de fazer em sala de aula. As considerações a esse respeito esclarecem algumas concepções presentes nas relações pedagógicas, como o fato de o aluno copiar do quadro todas as atividades e isso dificultar que mais atividades sejam passadas.

Uma professora disse que deixa de trabalhar a gramática normativa, prescritiva, e procura trabalhar mais um conteúdo que sente que os alunos precisam. Outra professora, ao iniciar a fala, informou que tem um problema sério de indisciplina em relação aos alunos, o que não permite que a aula seja produtiva. Outra entrevistada considerou que deixa de dar tarefas e que o reforço em casa seria necessário.

Uma delas disse que deixa de atender à individualidade por conta do número de alunos na sala, e outra considera a dificuldade de compreender o que os alunos querem, de fato, expressar.

> Os pontos principais estão intimamente ligados: a disciplina, o número de alunos na sala de aula, as condições de trabalho, a inexistência de materiais suficientes. Parece que essas são mazelas do ensino público que não conseguem ser resolvidas e que passam a fazer parte do discurso dos professores de um modo geral.

Complementando a questão anterior, solicitou-se que as professoras dissessem, então, o que gostariam de fazer. Nesse caso, surgiram novamente queixas nas verbalizações das entrevistadas, como: "Gostaria que houvesse uma maneira de agilizar a aprendizagem dos que estão defasados nos conteúdos de leitura e escrita". Outra professora confessou:"Ah, eu gostaria de fazer muita coisa, mas tiraram uma aula de português, o que reduziu bastante o nosso tempo". Fatores presentes nessas duas verbalizações foram queixas comuns dos professores: a falta de conhecimento dos alunos, o problema da leitura e da escrita e o número de aulas. A fala de outra professora reafirma o que as colegas disseram:"Gostaria de poder preparar melhor minhas aulas, ter mais tempo para isso, ter mais material para isso".

As demais professoras chamam para si a responsabilidade de "darem melhores aulas", com mais material, de terem mais tempo para uma atenção individualizada, de observarem melhor os resultados dos alunos. Nesse sentido, as falas vão na direção das queixas sobre o número de alunos na sala de aula, da indisciplina, da heterogeneidade dos alunos e sobre o tempo. A percepção das professoras parece se focalizar nas condições externas para o trabalho; no entanto, mesmo reconhecendo as deficiências, elas não conseguem dizer que planejamentos fariam para um melhor desempenho.

Ao se manifestarem sobre os materiais que usam para a prática pedagógica, todas as professoras disseram que utilizam o livro didático, a apostila e, ainda, jornais e revistas. Novamente há queixas a respeito das condições de trabalho, da falta de material nas escolas, das condições dos alunos para adquirirem materiais. Uma das professoras informou que utiliza textos da internet, mas não disse como. Outra entrevistada afirmou:"Materiais pedagógicos são poucos, alguns documentários em fita de vídeo, mas eu uso mesmo a realidade social para todos os trabalhos". Dessa forma, as entrevistadas reconhecem as dificuldades e reforçam o uso do livro didático e da apostila como ferramenta principal da ação pedagógica.

Outro tópico apresentado foi o referente à condução da prática pedagógica, ou seja, solicitamos que as professoras se manifestassem dizendo como elas ensinam. As respostas sinalizam para a preocupação com a aprendizagem, mas o que mais marca nas falas das professoras é que a aula é mesmo feita de exposição oral, ou seja, as professoras apresentam o conteúdo, explicam regras, passam exercícios. A aula parece estar organizada na fala do professor, na exposição feita durante as aulas. Em poucas situações se pode dizer que há interação, a não ser no caso de uma das professoras perquiridas. Mas o que marca a verbalização são as queixas de indisciplina.

> Completando esse bloco de questões, solicitou-se que as professoras se manifestassem sobre suas dificuldades. A maioria das profissionais entrevistadas atribui ao aluno os problemas em sala de aula. Consideram que elas não têm atribuições em sala para ensinar, mas que os alunos têm dificuldades de compreensão, de assimilação, de aprendizagem propriamente dita, pois os educandos esquecem com facilidade o que aprenderam. No entanto, uma das educadoras reconhece que o problema não está só no aluno. Segundo ela, os professores têm tido poucos cursos de atualização que tragam novas metodologias, novas técnicas de ensino, e o que se aprendeu na graduação precisa ser revisto, pois essa falta de cursos de capacitação acaba prejudicando tanto os alunos quanto os professores.

Como se trata de um estudo sobre a ação pedagógica na Língua Portuguesa, foram apresentadas questões que tentam trazer, especificamente, uma reflexão sobre o ensino de leitura, a produção de textos e o ensino de gramática, pois parece ser importante para a compreensão da prática pedagógica compreender as relações que essas questões estabelecem com essas três práticas e o ensino de Língua Portuguesa.

Ora, ensinar Língua Portuguesa a alguém que tem esse idioma como língua materna implica, naturalmente, considerar que objetivos são traçados para esse ensino. Assim, é possível termos como objetivo o desenvolvimento da competência comunicativa. Nesse sentido, as ações de ensino da leitura, da produção de textos e da gramática são efetivadas para que o usuário possa desenvolver a capacidade de empregar adequadamente a língua nas diversas situações de comunicação. Outro objetivo que pode nortear o ensino da língua materna é a competência gramatical ou linguística, que é a capacidade que todo usuário da língua (falante, escritor/ouvinte, leitor) tem de gerar sequências linguísticas gramaticais, por meio da qual o falante sabe produzir frases e orações como uma construção própria da língua. Ainda um terceiro objetivo pode estar presente no ensino da língua materna: o de desenvolver a competência textual, que consiste na capacidade de, em situações de comunicação interativa, produzir e compreender textos.

> Uma das professoras levantou a questão do "ensinar para a vida" que é pregada por diretores, supervisores e muitos profissionais da educação. Questiona a educadora: "O que é ensinar para a vida?".

Nas considerações sobre leitura, as educadoras entrevistadas disseram:

> • "Leitura é ler, entender aquilo que está escrito, da maneira como quem escreveu pensou em transmitir".

> - "Bom, para mim, a leitura só é leitura se o aluno ler e absorver alguma coisa".
> - "É, a leitura é a base. O aluno que não lê não fala, não ouve e também não vê".
> - "Leitura, para mim, é conhecimento de mundo".
> - "A leitura é muito abrangente. A leitura a gente faz em todos os momentos. A leitura você faz daquilo que você e os outros criam".
> - "Leitura é reflexão. Ela muda a cada ato".

Certamente, temos a noção de estarmos num terreno minado. É lógico que todos nós fomos formados em tempos diferentes e sofremos as mais diversas influências no nosso saber e fazer pedagógicos. Nossas concepções sobre leitura, sejamos professores de Língua Portuguesa ou não, muitas vezes não ultrapassam o senso comum. Vejamos o que nos diz Freire sobre o processo de leitura:

> *leitura não é só caminhar sobre as palavras, e também não é voar sobre as palavras. Ler é reescrever o que estamos lendo. É descobrir a conexão entre o texto e o contexto do texto, e também vincular o texto/contexto com o meu contexto, o contexto do leitor. E o que acontece é que muitas vezes lemos autores que morreram cem anos atrás e não sabemos nada sobre sua época. E frequentemente sabemos muito pouco sobre nossa própria época!* (Freire; Shor, 2001, p. 22)

Continuando, Freire afirma que é preciso que haja seriedade intelectual para conhecer o texto e o contexto. Portanto, não se trata de apenas tecer comentários evasivos ou ocos sobre o contexto que nos cerca. É preciso responsabilidade profissional e, por que não dizer, social no ato da leitura, pois é por meio desse comprometimento que poderemos contribuir para que o aluno construa sua capacidade de crítica e possa exercitar sua consciência na direção da ação crítica e, portanto, da práxis reflexiva, transformadora.

A questão da produção de textos é uma das mazelas de nossa educação. Na área da linguagem, deparamo-nos com todo tipo de aluno – aluno que escreve bem, aluno que escreve razoavelmente, aluno que reproduz e aluno que produz um texto. Certamente, essas ações estão diretamente ligadas ao fazer pedagógico do professor, por isso nosso questionamento a respeito da produção de textos. Ao se referirem à produção de textos, as professoras afirmaram o seguinte:

- "O aluno produzir um bom texto é escrever com propriedade, com sequência que tenha começo, uma continuidade e uma conclusão".
- "A produção de textos, para mim, é desde o momento que o aluno tenha vontade de escrever, de produzir textos".
- "Se o aluno ler bastante, ele terá grande facilidade para se expressar na escrita".
- "Produzir textos é você colocar no papel aquele conhecimento que você adquiriu através da matéria dada, de um assunto tratado".
- "A produção de textos, para mim, é criação, é criatividade diante da leitura que a gente faz, daí sim se produz, se chega a uma produção benfeita, bem elaborada".
- "Eu acredito na produção de textos quando ela tem uma realidade visível, da qual o aluno participou".

Antes mesmo de analisarmos a postura das professoras, parece interessante levantarmos uma provocação com base em Freire (1998), para quem o ser humano é um ser de relações, que as estabelece por meio de sua temporalidade e situacionalidade. Nesse caso, a produção de textos seria, no nosso modo de pensar, uma das grandes possibilidades de provocar a reflexão. De acordo com o referido autor,

> *Existe uma reflexão do homem face à realidade. O homem tende a captar uma realidade, fazendo-a objeto de seus conhecimentos. Assume a postura de um sujeito cognoscente de um objeto cognoscível. Isto é próprio de todos os homens e não privilégio de alguns (por isso a consciência reflexiva deve ser estimulada: conseguir que o educando reflita sobre sua própria realidade).* (Freire, 1998, p. 30)

Diante dessas considerações, reiteramos nosso pensamento de que uma grande oportunidade para se trabalhar o pensamento reflexivo e a ação reflexiva seja a produção de textos.

> Pela verbalização das professoras a respeito da produção de textos e da leitura, podemos dizer que elas estão preocupadas com o fato de o aluno ser bom produtor de textos, produzir textos nas mais variadas situações de interação comunicativa. Se, como as entrevistadas afirmaram, elas ensinam por meio de textos, então podemos dizer que o objetivo do ensino da língua materna, nesse caso, é **desenvolver a capacidade de produzir e compreender textos**. Sendo assim, o objetivo do ensino da Língua Portuguesa estaria em conformidade com a visão de Travaglia (1997, p. 17): "a) levar o aluno a dominar a norma culta ou a língua padrão; b) ensinar a variedade escrita da língua".

Esses objetivos nos levam a perceber que concepção de linguagem subjaz à prática pedagógica dos docentes. A concepção presente nas verbalizações das professoras é da "linguagem como instrumento de comunicação, como meio objetivo para a comunicação". Essa é a concepção presente em praticamente todas as falas das professoras.

Apenas uma das entrevistadas aponta outra concepção referente ao parágrafo anterior, que é a "linguagem como forma ou processo de interação". Nesse sentido, a linguagem vai além de transmitir pensamento ou exteriorizar uma ideia – ela caminha na direção da realização de ações, da atuação sobre o interlocutor, tornando-se "um lugar de interação humana, de interação comunicativa pela produção de efeitos de sentido entre interlocutores, em uma dada situação de comunicação e em um contexto sócio-histórico e ideológico" (Travaglia, 1997, p. 23).

Quanto à importância de se ensinar gramática, as professoras perquiridas se manifestaram dizendo o que segue:

- "A gramática está na nossa conversa, nas leituras, em tudo que é escrito. A gramática é importante porque ela orienta as concordâncias, as ideias. Mas trabalhar a gramática separadamente não traz vantagem para o aluno, não ajuda o aluno a aprender português, porque ele vai aprender português lendo e escrevendo e aprende escrever, escrevendo".

- "Eu acho fundamental a gramática porque, se o aluno não tiver noção pelo menos da gramática, o que é a partir do momento que ele vai produzir um texto, ele não vai conseguir fazer nada, vai ficar sem nexo, sem sentido".

- "Eu acho importante o ensino da gramática porque se o aluno não souber a gramática ele também não vai saber se expressar direito, de uma maneira correta, dentro da linguagem culta. É de extrema importância e deve ser ensinada nas escolas".

- "Bom, gramática são conceitos, são regras que precisam ser dadas aos alunos, uma vez que, sem a gramática... O aluno precisa saber que existem regras, existem conceitos para se escrever bem. Sem a gramática, sem as regras de concordância nominal, verbal, regência, você terá dificuldade de se expressar. A gramática tem que ser inserida na produção de textos, na leitura, como uma grande vantagem para aquele que escreve. O aluno deverá reconhecer a gramática como uma ajuda importantíssima naquilo que ele vai escrever".

- "A gramática é o domínio da língua, sem a gramática não dominamos nossa língua. Então, ela é fundamental, se você não conhece a gramática, você não conhece a própria língua e terá dificuldades em produzir textos".

> "Eu acho importante porque, se não a conheço, como vou usar formas corretas de regência, de concordância, de coesão, de coerência".

Essas verbalizações conduzem à percepção de que estão presentes nas falas das professoras algumas concepções de gramática que se sobrepõem umas às outras. Confere-se importância à gramática normativa quando se diz que as regras são relevantes e devem ser dadas aos alunos e, por outro lado, considera-se relevante a gramática descritiva, quando se afirma que o aluno deve saber as regras de funcionamento da língua. Está presente também a noção de uma gramática implícita usada na situação de oralidade.

Ainda podemos perceber que se concebe uma gramática explícita ou teórica ao se dizer que é importante que o aluno conheça regras e princípios para a constituição de frases, de textos, de enunciados. Implícita na fala das professoras há também uma referência a uma gramática reflexiva, que se preocupa mais com o processo do que com os resultados, representando as atividades de observação e reflexão sobre a língua.

Essas concepções são importantes para se caminhar na direção da prática reflexiva, uma vez que elas orientam o objetivo de ensino e os conteúdos programáticos.

As verbalizações das professoras levam a crer que não há uma adoção clara de uma concepção de linguagem ou de ensino da linguagem. As falas tornam-se contraditórias, parecendo que não há uma opção metodológica de acordo com os entendimentos do que seja leitura, produção de textos e gramática e as concepções que orientam tais escolhas, que precisariam ser orientadas com base nos objetivos traçados no currículo escolar.

Há, parece, necessidade de se estabelecer um processo de tomada de consciência da relação entre o currículo, o planejamento e a ação pedagógica efetivamente ocorrida em sala de aula. É necessário dar rumos claros à prática pedagógica para poder superar a dicotomia teoria-prática estabelecida no processo de ensino e de aprendizagem.

quatropontotrês
A prática pedagógica da sala de aula: um segundo olhar

Em uma outra análise com foco no ensino de Língua Portuguesa, procuramos captar o movimento e as concepções das professoras por meio do procedimento da observação de aulas. O nosso objetivo é apresentar um relato sucinto da observação realizada de atividades nas salas de aula das professoras participantes da pesquisa. Há que se registrar que se trata de resultados parciais, uma vez que se estabelece o processo de observação das aulas para registro das ocorrências.

É importante dizermos também que o processo de estudos realizado pelas professoras teve um componente de autoformação, uma vez que os estudos de obras referentes ao tema foram realizados individualmente e depois pelo grupo de pesquisa em forma de seminários, debates, estudo de textos, por meio dos 40 (quarenta) encontros ocorridos ao longo do ano letivo de 2001.

Para estabelecermos esse "segundo olhar" para a sala de aula, organizamos um instrumento que, no nosso entendimento, atendia às necessidades de registro da atividade pedagógica da sala de aula, especialmente quanto à prática reflexiva. Procuramos registrar as ocorrências do "saber-fazer" reflexivo na sala de aula com sustentação nas ideias de Schön, Nóvoa, Perrenoud, Alarcão e Freire.

> Necessário se faz registrarmos também que as professoras participantes do estudo não são iniciantes na profissão e não tiveram no seu programa de formação de professoras, no curso superior, qualquer estudo sobre a prática reflexiva. Contudo, como afirma Perrenoud (2002, p. 17), "todos refletimos para agir, durante e depois da ação, sem que essa reflexão gere aprendizagens de forma automática", o que de certa maneira está presente na ação da sala de aula.

No período destinado ao estudo sobre a prática reflexiva, o desafio foi tentar aprender as atitudes, os métodos e as posturas, enfim, o "saber-fazer" reflexivo. Por isso, alguns momentos de análise e de crítica da prática observada foram de extrema valia no processo de estudo.

Estabelecidos os critérios, registramos e analisamos situações de ensino em seis turmas de aula das professoras participantes da pesquisa.

Por questão de praticidade, optamos por registrar as ocorrências em duas quintas séries e duas sextas séries do ensino fundamental e em duas primeiras séries do ensino médio, o que resultou numa observação de seis turmas por duas semanas em cada uma, resultando num total de 10 horas aula em cada classe.

Para efeito de registro, montamos uma grade de observação com itens previamente escolhidos, de forma que pudéssemos ter um parâmetro de análise e pudéssemos estabelecer um olhar com certa segurança. É necessário mencionarmos que nem sempre a observação é uma boa maneira de captar os movimentos da sala de aula, uma vez que um estranho na sala a observar as atitudes dos alunos e dos professores acaba por interferir na espontaneidade das ações. Feitas essas considerações, passamos aos registros e aos comentários. Durante o transcorrer das aulas, ficamos atentos a certas situações, devidamente descritas nas seções a seguir.

A professora aproveita assuntos da atualidade para trabalhar o conteúdo?

Ao proporem os conteúdos de aprendizagem na área de ensino de Língua Portuguesa, uma das preocupações das professoras participantes da pesquisa foi a de oferecer aos seus alunos a oportunidade de levar para a sala de aula conteúdos da atualidade para que estes fossem trabalhados.

Quando se tratou de elaborar o planejamento de ensino no início do ano letivo nas duas escolas, agora definitivamente participantes da pesquisa, decidiu-se que os próprios alunos poderiam participar do planejamento com sugestões de temas. Assim, as professoras apresentaram aos alunos os conteúdos de aprendizagem e solicitaram a participação destes no processo de elaboração dos "projetos de ensino", no sentido de proporem ideias.

Dessa forma, segundo as educadoras entrevistadas, estas estariam contemplando a necessidade de buscar assuntos da atualidade e, ao mesmo tempo, trabalhariam os conteúdos de aprendizagem propostos no currículo das escolas. Essa preocupação parece sinalizar a questão da formação integral, apresentada nos projetos educativos das duas escolas. Nas aulas das quintas e sextas séries, as professoras relacionaram com segurança os conteúdos de aprendizagem com assuntos da atualidade.

O projeto de ensino em desenvolvimento tratava da língua portuguesa. As professoras contextualizaram a situação dessa área no mundo, trazendo mapas, textos informativos, publicações em revistas e discutindo a importância de uma língua para a unidade de um povo.

Já nas primeiras séries do ensino médio, a professora desenvolveu, inicialmente, um projeto sobre as profissões, e os alunos, por sua vez, tinham como conteúdo de aprendizagem o uso da tipologia textual.

A professora, ao mesmo tempo que conseguia apresentar os conteúdos de aprendizagem, desenvolvia a reflexão sobre as profissões. Assim, os alunos resolveram fazer entrevistas com diversos profissionais e, de posse dos dados, a professora foi ensinando ao longo do bimestre como construir os diversos tipos de textos. Essa atividade reforçou muito a reflexão sobre o assunto, motivando uma verdadeira pesquisa dos alunos sobre informações a respeito das profissões.

O que pudemos observar, especialmente no ensino médio, foi a busca da superação da consciência ingênua. A professora obteve muito sucesso nesse particular. Ficava claro nas ações da professora que ela tentava, de muitas formas, organizar reflexivamente o pensamento dos alunos.

Aqui podemos afirmar com certeza que a professora provocou o que Freire considera como a grande forma de fazer o aluno atuar na sociedade: o pensar. Segundo o autor, "ao ajudar o homem a organizar reflexivamente o pensamento, é preciso colocar, como diz Legrand, um novo termo entre o compreender e o atuar: o pensar. Fazê-lo sentir que é capaz de superar a via dominantemente reflexa" (Freire, 1998, p. 68).

A professora demonstra "pensar na ação que está fazendo" com segurança e conhecimento ao trabalhar os conteúdos?

Nos registros realizados, podemos dizer que nos encontramos muitas vezes em situações contraditórias: ao mesmo tempo que uma das professoras demonstrava pensar na ação que estava fazendo, parecia estar atuando de forma mais mecânica do que reflexiva.

> Considerando a proposição de Schön, parece-nos que muitas vezes as professoras davam essa impressão de estar perfeitamente cientes de que estavam realizando um processo dialético de reconhecimento do que estavam fazendo, como estavam fazendo e por que estavam fazendo, enquanto estavam fazendo.

Quando a professora do ensino médio explicava a tipologia textual e mostrava exemplos de modelos de construção de textos, dava a impressão clara de saber o que estava fazendo enquanto o estava fazendo.

Por outro lado, podemos considerar que essa habilidade é ressaltada pela própria experiência da educadora em ensinar tipologia textual. Podemos também afirmar que os alunos, com base em seus trabalhos e na produção de seus relatórios de pesquisa, estavam, no dizer de Freire (1998, p. 30), "compreendendo sua realidade e levantando hipóteses sobre o desafio dessa realidade e procurando soluções. Assim, podem transformá-la e com seu trabalho podem criar um mundo próprio: sou eu e as circunstâncias".

Com referência às professoras das quintas e sextas séries estudadas, parecia, muitas vezes, que a ação era muito abstrata e que mesmo elas tinham dificuldade para estabelecer com clareza os limites de uma prática reflexiva. Nesse sentido, Perrenoud pode contribuir com nossa análise quando diz que, "para saber refletir sobre a prática, basta dominar instrumentos gerais de análise objetiva e contar com um treinamento sobre pensamento abstrato, debate, controle da subjetividade, enunciado de hipóteses e observação metódica" (Perrenoud, 2002, p. 49).

Não se trata, aqui, de dizer se as professoras sabiam ou não refletir sobre sua prática: trata-se de analisar se realmente o faziam, pois, para demonstrar que se reflete sobre o que se está fazendo enquanto se está fazendo, segundo Schön (2000, p. 33), é preciso "reestruturar as estratégias de ação, a compreensão dos fenômenos ou as formas de conceber os problemas", e isso não foi demonstrado com tranquilidade durante o processo de observação, ou seja, parece que faltava convicção, certeza, a "sua imediata significação para ação" (Schön, 2000, p. 34).

Observa-se que a professora "para e pensa" no que está fazendo?

Com a intenção de captar momentos de "suspensão" da atividade pedagógica que revelassem que as professoras estavam "parando e pensando" no que estavam fazendo, ficamos atentos ao procedimento delas em sala de aula. Assim, procurávamos perceber se demonstravam que estavam pensando no que estavam fazendo enquanto estavam fazendo ou se havia alguma forma de perceber uma "suspensão", mesmo que momentânea, da ação e uma demonstração de que estavam pensando no que faziam.

Apesar das dificuldades de observar exatamente essa ação, foi possível algumas vezes notar que as professoras faziam o que Schön (2000) diz sobre o "pensar o que faz enquanto faz", ou seja, há momentos em que se para, se pensa e se retorna à ação, agora de uma nova maneira, com um novo enfoque, como que mudando o rumo, se é que se pode dizer assim, tal como um reflexo do "parar e pensar" no que se estava realizando.

Pode-se dizer que a professora demonstra "conhecer na ação" enquanto ensina?

Considerando que, para Schön (2000, p. 33), "conhecer na ação é um processo tácito, que se coloca espontaneamente, sem deliberação consciente e que funciona, proporcionando os resultados pretendidos, enquanto a situação estiver dentro dos limites do que aprendemos a tratar como normal", podemos afirmar que as professoras observadas certamente têm tal *performance*.

> Pela prática cotidiana, pelo exercício da profissão, pela prática da sala de aula mesmo, há, conforme comenta Schön (2000, p. 33), "uma situação de ação para a qual trazemos respostas espontâneas e de rotina". Essas ações são reveladoras de uma prática que demonstra a experiência das professoras em lidar cotidianamente com o ofício de ensinar determinados conteúdos de aprendizagem e indicam a existência, nas estratégias que utilizam, de um conhecimento próprio, uma maneira pessoal de atingir os objetivos de ensino propostos em determinado conteúdo de aprendizagem.

Necessariamente, isso não revela que as professoras tenham consciência de que estejam aplicando uma técnica de ensino ou algo parecido.

Há uma ação que se torna espontânea, de certa forma, e que conduz o processo de ensino. Podemos, neste ponto do estudo, evocar uma contribuição de Freire, no sentido de perceber a questão da consciência crítica que pode causar a simples alienação do ser humano e, em especial, do nosso estudante, levado pela não criticidade à qual é submetido. Nessa direção, Freire (1998, p. 23) comenta que os alunos são "deformados pela acriticidade, não capazes de ver o homem na sua totalidade, no seu fazer-ação-reflexão, que sempre se dá no mundo e sobre ele".

Observamos na ação das professoras do ensino médio uma prática cotidiana diferenciada da prática das professoras do ensino fundamental. No ensino médio, talvez pela maturidade dos alunos, o ensino é mais objetivo, não há tanta abstração. Há um significado mais perceptível para a ação que a professora e os alunos estão desenvolvendo.

Observa-se que a professora reflete sobre o "presente da ação" enquanto ensina?

Para Schön, a reflexão dentro do presente da ação ocorre como resultado de um fator de surpresa qualquer que acontece no desenrolar da atividade. Afirma o autor que "a reflexão é, pelo menos em alguma medida, consciente, ainda que não precise ocorrer por meio de palavras" (Schön, 2000, p. 33). Se for assim, podemos afirmar que, nas aulas observadas, muitas vezes, as professoras agiram de tal forma.

Houve, em muitas oportunidades, algo como uma "surpresa" durante a ação e a consequente necessidade de reestruturar o caminho, repensar a estratégia e refazer a ação para dar conta do problema de aprendizagem que se apresentava. Nesse sentido, é extremamente importante a prática de uma aula interativa, na qual o aluno tenha a liberdade de interagir com os colegas e professores e possa levantar questionamentos e apresentar soluções.

Nas práticas observadas, essa foi a situação que mais ocorreu. A participação dos alunos por meio de um processo de interação foi muito tranquila.

Pode-se dizer que a professora utiliza-se do "conhecer na prática" para realizar a ação do ensino?

Podemos dizer que todas as professoras demonstraram, com certa clareza, "conhecer na prática" a ação que estavam desenvolvendo. Aqui podemos afirmar que o talento pessoal de cada uma das professoras era evidenciado a cada atividade de sala de aula.

É claro que o "conhecer na prática" exige um conhecimento todo particular de cada profissional e requer de cada um uma maneira muito particular de aplicar os conhecimentos que possui. Nessa aplicação, certamente estão presentes as concepções que o profissional, ao longo de sua formação e de sua carreira, adotou. Além disso, no estudo enfocado aqui, todo um conjunto de tradições de ensino se revelava a cada momento de ação, dependendo do tipo de conhecimento que essa ação exigia das professoras.

Na prática observada, mais uma vez, no ensino fundamental parecia haver uma dificuldade maior para transpor a lacuna de conhecimentos dos alunos. Já nas turmas de ensino médio, isso se dava sem maiores problemas.

> O conhecer na prática, na verdade, revela uma maneira muito particular de cada uma das professoras, no nosso caso, de lidar com o conteúdo de aprendizagem que estavam trabalhando, pois havia, muitas vezes, a necessidade de reestruturar as estratégias, refazer a ação ou a forma de trabalhar o conteúdo de aprendizagem para que a clientela pudesse compreender o fenômeno em questão e produzir oconhecimento esperado, revelando, assim, uma maneira muito pessoal de ver o mundo e as situações de ensino e de aprendizagem fundamentadas na sua prática.

Para Freire (1998, p. 12),

> *Conhecer não é o ato através do qual um sujeito, transformado em objeto, recebe dócil e passivamente os conteúdos que outro lhe dá ou lhe impõe. O conhecimento, pelo contrário, exige uma presença curiosa do sujeito em face do mundo. Requer sua ação transformadora sobre a realidade. Demanda uma busca constante. Implica invenção e reinvenção.*

Com certeza, as professoras participantes da pesquisa, em menor ou maior grau, demonstraram essa forma de conhecer.

A aula da professora pode ser considerada "uma aula prática" do conteúdo ensinado?

Na tradição escolar, uma das situações que, ao que parece, ainda não encontram resposta adequada é a questão de como se aprende a ser professor. Woods apresenta uma reflexão sobre essa questão e pergunta:

> *Nasce-se ou aprende-se a ser professor? Caso o ensino seja apreensível em termos científicos, pode certamente aprender-se a ser professor. Podemos basear-nos no conhecimento e na sabedoria acumulados para fazer sempre melhor. Caso se baseie essencialmente em competências intrínsecas, instintos, na imaginação e na emoção, pode-se então, argumentar que as pessoas são ou não dotadas destas capacidades.* (Woods, 1996, p. 27)

Para Woods, a questão se estende à prática. Dependendo de como o professor é formado, este pode privilegiar uma ou outra tendência, no entanto a questão do "fazer" estará presente em qualquer situação. De certo modo, um professor pode, de acordo com a ocasião e o conteúdo de aprendizagem, ser mais prático ou mais teórico. Isso também depende das situações de ensino, que são altamente cambiantes e exigem em cada situação uma "prática" diferente.

Em termos gerais, podemos dizer que as aulas observadas tinham uma tendência prática em razão do caráter dinâmico das professoras observadas, mas essa não parece ser a regra. Em muitas oportunidades, observamos mais um discurso acentuado sobre o fazer do que propriamente o fazer.

Mesmo assim, podemos dizer que as professoras observadas concebiam suas práticas de forma intencional e, por isso, selecionavam estratégias de ação na linha do saber-fazer e nessa direção escolhiam as abordagens que julgavam mais adequadas aos conteúdos de aprendizagem. Voltando à questão de aprender a ser professor e aprender uma prática, concordamos com o que afirma Schön (2000, p. 39):

> *Quando alguém aprende uma prática, é iniciado nas tradições de uma comunidade de profissionais que exercem aquela prática e no mundo prático que eles habitam. Aprende suas convenções, seus limites, suas linguagens e seus sistemas apreciativos, seu repertório de modelos, seu conhecimento sistemático e seus padrões para o processo de conhecer na ação.*

No campo da educação, se considerarmos os processos de formação de professores, podemos afirmar, sem medo de errar, que a prática se aprende no cotidiano da sala de aula. Parece que os processos de formação em vigor não privilegiam o aprender a fazer fazendo no período de formação e, muitas vezes, o estágio é tão insignificante em termos de tempo e em termos de qualidade que o futuro professor acaba aprendendo por conta própria ou, em muitos casos, por mecanismos de repetição ou de imitação de seus próprios mestres.

Com relação às aulas do ensino fundamental, não podemos afirmar com certeza que se tratou de aulas práticas, mas, quando nos reportamos ao observado nas aulas do ensino médio, podemos afirmar que sim, as aulas foram práticas, se adotarmos a concepção de aula prática de Schön (2000, p. 40):"uma aula prática é um ambiente projetado para a tarefa de aprender uma prática". Nas situações de ensino de prática de texto, a professora aplicou à turma técnicas de produção de textos que envolviam estratégias práticas de produção.

Nesse sentido, concordamos com Schön, quando este afirma que a aula prática se dá num "contexto que se aproxima de um mundo prático, os estudantes aprendem fazendo, ainda que sua atividade fique longe do mundo real do trabalho" (Schön, 2000, p. 40).

Com base nesse segundo olhar que enfocou especialmente questões voltadas à prática reflexiva, é possível caminharmos agora para uma reflexão que conduza à análise das possibilidades e dos limites de uma ação reflexiva nas aulas de Língua Portuguesa.

Antes, porém, faremos uma breve incursão sobre as concepções percebidas na prática pedagógica das professoras e suas consequências no ensino da oralidade, da leitura e da escrita e, na sequência, refletiremos ainda sobre a ação reflexiva como processo de formação.

quatropontoquatro
As concepções subjacentes de ensino

Na atividade de sala de aula com a disciplina de Língua Portuguesa, há algumas questões que são basilares na condução do processo de ensino. Os professores, via de regra, fazem opções ao estabelecer um programa de ensino e ao analisar o currículo que lhes é apresentado pela escola. Essas opções centram-se especialmente nas concepções do professor a respeito dos objetivos de ensino da língua materna, na concepção de linguagem que o professor adota e, como consequência, do tipo de ensino que este julga pertinente para os conteúdos de aprendizagem.

Assim, antes mesmo de propor qualquer alternativa para a ação pedagógica, é preciso saber em que bases essa proposta está assentada e como o professor concebe questões que circundam o assunto. No discurso das professoras entrevistadas, podemos identificar melhor o que ensinam, como ensinam e quais opções teóricas e metodológicas adotam no processo de ensino.

No nosso estudo, podemos afirmar, pelo discurso das professoras registrado na terceira parte da pesquisa, que o currículo escolar parece ser um instrumento que dá sustentação para a ação pedagógica.

> Um estudo mais apurado do currículo proposto pelo Estado do Paraná, especialmente no ensino fundamental, sinaliza uma opção teórico-metodológica baseada no processo interacionista. O que se verifica, porém, na prática da sala de aula é um processo de ensino baseado no discurso professoral. Ora, pela proposta do currículo da rede pública de ensino desse estado, a situação do ensino de Língua Portuguesa deveria ser considerada pelos professores como uma situação social que envolve a produção de discursos. Naturalmente que seria a produção de discursos em forma de troca, de reflexão sobre o próprio conteúdo de ensino (para o professor) ou de aprendizagem (para o aluno), uma vez que se trata de uma proposta interacionista de ação.

Considerando esses aspectos e refletindo sobre a questão fundamental de por que ensinar Português para falantes nativos dessa língua, as respostas, segundo Travaglia (1997), poderiam ser basicamente quatro: desenvolver a competência comunicativa; levar o aluno a dominar a norma culta ou língua padrão (ensinar a variedade escrita da língua); conhecer a instituição linguística; ensinar o aluno a pensar a raciocinar.

Ao propor suas atividades de sala de aula, o professor, conscientemente ou não, faz uso dessas concepções e organiza sua atividade com base numa escolha. Isso se dá porque o processo com o qual o professor foi ensinado transcorreu da mesma forma. Seus professores ensinavam o português de acordo com uma escolha pessoal que revelava, implícita ou explicitamente, a opção do professor. Outro componente da escolha da forma de atuar vem das concepções de linguagem do professor, das quais decorrem objetivos do ensino de língua materna. Essa concepção da língua ou da linguagem é que determina a estrutura de trabalho do professor em sala de aula.

Três concepções basicamente determinam a ação do professor:

- A primeira concebe a linguagem como expressão do pensamento. Nessa concepção, quem não se expressa bem é porque não sabe pensar. Então, é preciso que o professor ensine os alunos a pensar, a estruturar o pensamento, a expressão. Essa situação se dá isoladamente, fora de qualquer contexto social; é puramente um ato monológico, de articulação e organização do pensamento por meio da linguagem.

- A segunda concepção percebe a linguagem como instrumento de comunicação, como meio objetivo para a comunicação. Trata-se de um código de signos que se combinam, segundo certas regras, e que serve para transmitir uma mensagem de um emissor para um receptor.

- A terceira concepção apresenta a linguagem como forma ou processo de interação. O indivíduo não só exterioriza um pensamento ou transmite uma informação; ele realiza ações, ou seja, age sobre o interlocutor e produz a interação humana. Assim, o indivíduo tem algo a dizer a alguém, historicamente situado em seus contextos e lugares sociais.

Decorrentes dessas concepções são os procedimentos de ensino. A forma de ensinar leitura e escrita decorre das concepções dos professores, quer eles as explicitem ou não.

quatropontocinco
As práticas da oralidade, da leitura e da produção de textos

O ensino de Língua Portuguesa nas escolas que participaram do estudo continua com a mesma metodologia de sempre: ensino prescritivo. Ora, a linguagem não se constrói com receitas. Por isso, numa tentativa de compreender como se dá essa metodologia é que se investiga como essas práticas se desenvolvem no cotidiano da sala de aula. Assim, vamos nos concentrar a seguir nas três grandes competências desenvolvidas na referida disciplina: a oralidade, a leitura e a escrita.

A prática da oralidade

Nos apontamentos que fizemos e especialmente nas entrevistas e bate-papos informais com as professoras participantes da pesquisa, fomos percebendo que, principalmente no ensino fundamental, a oralidade é relegada a um segundo plano ou, quando muito, as atividades desenvolvidas resumem-se à "hora da conversa" ou "hora da novidade". Na verdade, o que percebemos foram concepções pouco claras ou insuficientes ou até mesmo incompletas sobre as práticas de oralidade, leitura e escrita, presentes na proposta curricular.

Ora, a conversa ou a simples hora da novidade parece não acrescentar muita coisa àquilo que as crianças já dominam, uma vez que elas já sabem conversar. Não se percebeu, em nenhum momento, a preocupação em ensinar a dominar as diferentes formas de comunicação, em diferentes situações. Parece que não há preocupação com a competência e as habilidades exigidas para a prática da oralidade e o ensino se torna vazio de sentido e de conteúdo.

> No estudo que fizemos, não há registros de prática de oralidade com interlocutores, com discussão, na qual pudesse vir à tona a busca de significados, até porque "saber vocábulos de uma língua não é saber a língua. A língua é um conjunto de regularidades que tem de estar presente, quando se fala e se escreve, é uma forma de trabalho, é o resultado de uma interação, portanto em constante evolução" (Franco, 1997, p. 17). Não percebemos, em nenhum momento, a aplicação da proposta curricular ao estabelecer que "Cabe à escola, além de promover situações de interação entre os próprios alunos, com espaço para a criança expressar suas ideias, seus sentimentos, seus conhecimentos, garantir as mais diversas e ricas interações com outros modos de dizer, com outras ideias e conhecimentos" (Paraná, 1992, p. 46).

Diante dessa concepção apresentada pela Proposta Curricular do Estado do Paraná, podemos constatar a seguinte oposição: o discurso oficial e a prática de sala de aula referentes ao ensino e à aprendizagem de linguagem. O primeiro vê a linguagem como processo interativo, enquanto a segunda a trata como mero exercício, não como ação pedagógica.

A prática da leitura

Como frisamos anteriormente, as concepções acabam determinando um fazer pedagógico próprio, individual. Concepções pouco claras podem conduzir a equívocos ou até mesmo a excessos no tratamento de uma ação pedagógica. É preciso estar atento para perceber a relação entre as concepções adotadas pelo professor e suas práticas pedagógicas.

Para o ensino de Língua Portuguesa, é importante ter clareza quanto à concepção de leitura e, ainda, é preciso que o professor perceba que leitura e escrita são processos opostos, distintos, inter-relacionados, sim, porém distintos. No nosso entendimento, quando questionamos as professoras sobre as concepções de leitura, percebemos que, na verdade, não há uma concepção adotada.

Parece que a prática da leitura se dá acidentalmente ou na prática pela prática, mas não há um planejamento de leitura que sinalize uma concepção, uma vez que, em nosso entendimento, isso transparece nas ideias das professoras entrevistadas sobre o ensino e nas estratégias de ação para ensinar leitura.

Se novamente consultarmos o Currículo Básico da Escola Pública do Paraná, encontramos que "se concebe a leitura como um processo interacional entre o leitor e o autor" (Paraná, 1992, p. 54). Assim, parece ser fundamental que a escola se preocupe em apresentar a seus professores a proposta curricular para que ela seja adotada, respeitada, transformada ou até mesmo rejeitada, mas que se explicitem as concepções adotadas nos diversos campos da ação pedagógica.

Na prática, parece mesmo que a proposta curricular existe no discurso, mas deixou há muito tempo de fazer parte do cotidiano da sala de aula. O interessante é que, na verbalização das professoras, conforme demonstramos anteriormente, aparecem referências à prática interativa da leitura.

Ao mesmo tempo, é preciso estar atento para as diversas concepções de leitura que circulam pelo mundo acadêmico e especialmente pelas salas de professores. Uma das possibilidades é adotar a concepção de Solé (1998, p. 22): "a leitura é um processo de interação entre o leitor e o texto; neste processo tenta-se satisfazer (obter uma informação pertinente para) os objetivos que guiam sua leitura".

> Se tal concepção interacionista é adotada, certamente isso sinaliza que se entende que o leitor seja um sujeito ativo, capaz de processar e entender o texto, bem como de estabelecer objetivos que guiam a leitura e compreender a finalidade do texto, além, naturalmente, de ter habilidades para distinguir a tipologia textual.

Em nenhum momento da observação das aulas do ensino fundamental, percebemos a presença dessa concepção ou da prática interacionista de leitura, o que já não podemos afirmar quanto ao ensino médio. A professora do ensino médio, por trabalhar por meio de projetos e por ter adotado concepções mais claras, parece que conduzia a atividade de leitura numa ótica interacionista. Não percebemos que as professoras do ensino fundamental tivessem demonstrado em suas práticas de leitura a adoção de uma concepção capaz de romper com os mecanismos de uma aula de leitura tradicional.

A prática da escrita

Recorremos, mais uma vez, ao Currículo da Escola Básica do Paraná e nele encontramos o seguinte trecho:

> *O ponto de partida para se repensar a escrita é ter presente, no ato de escrever, a noção de interlocutor, isto é, ter o perfil daquele que vai ler nossos escritos, mesmo que não o conheçamos. É esse interlocutor, virtual, que vai condicionar parte da nossa linguagem; é a imagem que fazemos dele que nos levará a fazer uma determinada opção no que diz respeito ao assunto e a maneira de expô-lo.* (Paraná, 1992, p. 56)

A recorrência a esse texto se justifica pela intenção de compreender a relação entre a leitura, a escrita, a prática do professor e a proposta curricular. Voltando a analisar a verbalização das professoras entrevistadas, podemos dizer que a simplicidade aparente do ensino da leitura e da escrita se perde na complexidade dos atos pedagógicos e das condições de ensino. Afinal, ensinar nativos da própria língua a ler e escrever não deveria ser uma tarefa tão difícil. Não deveria, se a tarefa fosse realizada com base em uma "prática de", e não em um "discurso sobre". Essa é uma questão delicada, pois não foge à percepção das professoras participantes da pesquisa que o desempenho de seus alunos deixa muito a desejar, que estes têm dificuldades de leitura e de escrita, alguns de tal maneira que parece ser instransponível o problema.

A questão do fracasso da e na escola, especialmente na disciplina que ensina a língua materna, é uma preocupação geral, mas afeta em particular os professores dessa disciplina, uma vez que existe a consciência de que esse fator acaba agravando e fortalecendo a problemática.

> Ao que parece, falta mesmo incorporar à prática educativa as concepções que norteiam a proposta curricular, saindo do discurso para a prática de escrita, tornando-a processo interativo de produção de textos.

A falta de concepções claras e assumidas pelos atores do ensino parece indicar que, se quisermos melhorar o desempenho de nossos alunos e enfrentar a questão do ensino da escrita, precisamos antes resolver a questão da formação adequada de professores e, também, implantar uma proposta curricular que parta da construção coletiva da escola.

Assim, antes mesmo de se adotar uma linha teórica para a ação pedagógica, é necessário que os professores sejam ouvidos e que estes contribuam no processo de construção da proposta, até porque, dessa forma, poderão colaborar com suas dúvidas e ansiedades e revolver, pelo menos em parte, a questão da formação, bem como indicar programas de formação contínua que precisam ser implantados para se buscar a solução de problemas.

quatropontoseis
Discutindo os limites e as possibilidades da prática reflexiva

No decorrer deste estudo, fomos, aos poucos, percebendo que a proposta de uma prática reflexiva encontra no seio da escola, entre os professores, uma saudável e positiva recepção. O objetivo geral deste estudo consiste em investigar até que ponto é possível uma prática reflexiva na área de Língua Portuguesa, procurando-se descobrir os limites e as possibilidades de tal ação.

Podemos afirmar com certeza, neste momento, que encontramos muitas outras questões que foram apresentando-se ao longo da pesquisa e às quais fomos procurando responder ao mesmo tempo que estudávamos as ocorrências.

Deparamo-nos com muitos limites e algumas possibilidades. Agrupamos ambos em dois blocos, centrando nossas reflexões em duas linhas, no professor e na escola.

> Quanto ao professor, encontramos limites contextualizados na formação, nas concepções mais elementares de ensino, de aprendizagem, de conteúdos, de currículo e, como consequência, nas práticas pedagógicas.
> Com referência à escola, os principais limites detectados foram a ausência de um projeto educativo que contemple a realidade local, os contextos e entornos de cada escola, a realização de um planejamento didático superficial e de "faz de conta", a completa ausência de um currículo escolar (ele existe como documento oficial, mas não como peça que oriente a execução pedagógica dos conteúdos de aprendizagem) e a completa falta e compreensão de um programa de formação de professores.

> Quanto às possibilidades, podemos dizer que elas existem, com vários problemas, mas são concretas e desejáveis. Com relação aos professores, há uma clara consciência da necessidade da mudança e, ao mesmo tempo, um desejo de transformação da prática, uma insatisfação pelos resultados obtidos em sala de aula com o processo de ensino e de aprendizagem, um desejo de aprender muito forte por parte dos professores, havendo uma abertura à inovação altamente positiva como demonstrou a aplicação da pesquisa.

A escola também apresenta possibilidades, pois há uma percepção das situações de ensino e de aprendizagem que caminham para um fracasso cada vez maior, existindo a consciência de que a escola ensina cada vez menos e o aluno aprende muito pouco.

Nessa percepção, sente-se o desejo de construir um projeto educativo com base na realidade de cada escola e, nesse sentido, construir um currículo voltado às expectativas, às vivências dos alunos, tornando significativo o processo de ensino e de aprendizagem e, por fim, um desejo claro de se ter a possibilidade de uma política de formação de professores adequada à realidade atual.

Passamos, agora, a analisar os fatores considerados como limites com referência ao professor.

Os limites apresentados pelas professoras participantes da pesquisa

Certamente, a formação para a docência interfere nos processos metodológicos de ensino. E é possível que, no processo de formação, as professoras entrevistadas tenham tido como metodologias de ensino as metodologias ditas tradicionais e, por isso, tenham limites numa atuação mais atual. Tendo isso em mente, este ponto da obra se debruça sobre a formação das educadoras perquiridas.

Formação das professoras

Como foi dito anteriormente, as professoras participantes da pesquisa têm sua formação nas últimas duas décadas do século XX, pois quase todas têm entre 20 e 25 anos de serviço, o que as situa no processo que passou da rigidez da formação acadêmica dita *tradicional* para a ação educativa pregada pelas Leis nº 5.692, de 11 de agosto de 1971 (Brasil, 1971), e nº 9.394, de 20 de dezembro de 1996 (Brasil, 1996), que em nada acrescentaram ao ensino da Língua Portuguesa.

> Consideramos que não se pode conceber a formação de professores sem ter clara a finalidade da educação escolar, que é a transmissão sistemática dos conteúdos de conhecimentos produzidos e
> acumulados historicamente pela humanidade e, ao mesmo tempo, a de assegurar aos alunos a apropriação ativa desses conhecimentos para que possam reelaborá-los e processá-los numa visão crítica embasada na compreensão científica do real.
> Se assim consideramos a finalidade do ensino, então adotamos a posição de que a prática pedagógica tem como ponto de partida e de chegada a prática social. Por isso, o profissional formado, para atuar nesse campo, precisa ser desenvolvido numa política que o contemple com condições concretas para transmitir, produzir e socializar conhecimentos.

Ora, o que detectamos ao longo do estudo foi o fato de que os profissionais, nas últimas duas décadas, foram submetidos ou se submeteram nas instituições formadoras de professores a um processo de formação sob o ideário liberal tecnicista da reprodução dos conhecimentos. Esse, sem dúvida, é um dos fatores mais complexos para se pensar na introdução de uma nova prática pedagógica na sala de aula. Se o professor tem certeza de que o papel dele é o de possibilitar ao aluno a reprodução de um conhecimento pronto e acabado, dificilmente perceberá a dimensão sócio-político-pedagógica da sua disciplina e especialmente da disciplina de Língua Portuguesa.

O grande limite a ser superado quanto à formação dos professores é, sem dúvida, a adoção, pelas instituições formadoras e pelos sistemas de ensino, de um programa de formação que contemple a preparação dos profissionais no domínio dos conteúdos de aprendizagem, nas habilidades didáticas ou nas estratégias de ensino e nas relações sociais e pedagógicas que incluam as práticas reflexivas como ponto de chegada e de partida na formação de professores de qualquer disciplina.

Concepções de ensino, aprendizagem e currículo das professoras

Das verbalizações das professoras participantes do presente estudo e nas observações das práticas pedagógicas em sala de aula, emergem as principais concepções que o grupo detém a respeito do processo de ensino, da aprendizagem e do currículo.

Podemos afirmar que há uma tendência a se considerar o ensino como um processo de transmissão pura e simples de conhecimentos que já estão prontos e, o que é pior, na maioria das vezes, prontos nos livros didáticos. Apesar do discurso da inovação, da aparência da mudança, a grande maioria das professoras ainda tem o livro didático como o orientador da práxis pedagógica. As estratégias de ensino se resumem na exposição oral dos conteúdos e um discurso sobre estes.

A prática reflexiva, a crítica, a busca da autonomia do pensar e do dizer numa disciplina como a Língua Portuguesa são praticamente inexistentes, o que sinaliza uma grande dificuldade num processo de mudança na prática pedagógica. Podemos afirmar que, diante do quadro que encontramos, as questões ligadas ao processo de ensino não são claras; parece que as professoras não distinguem com clareza que ensinar não é o mesmo que aprender, que são dois processos inter-relacionados, sim, mas que não são a mesma coisa.

É preciso reconhecer, também, que nem tudo o que é ensinado pelo professor é aprendido pelo aluno, ou seja, muita coisa permanece na superfície, sem que o aluno se dê conta da importância do que está sendo trazido para a sua aprendizagem.

> Há que se levar em consideração que no processo de ensino existem pelo menos três elementos que se interligam e determinam a efetividade do processo: i) o aluno, com sua motivação, conhecimentos prévios, relação com o professor, importância dada à disciplina, fatores sociais, psicológicos e outros que o constituem como pessoa podem interferir no processo; ii) o assunto que está sendo apresentado como conteúdo de aprendizagem, que é extremamente relevante, pois o aluno poderá rejeitá-lo ou aceitá-lo como algo importante para a construção de seus conhecimentos; assim, a forma de apresentar os conteúdos, os objetivos de ensino, a relação com o cotidiano, o significado na vida do aluno interferem, de forma decisiva, no processo de aprendizagem; iii) o próprio professor, que, com seu perfil, sua maneira de se relacionar com os alunos, com o conteúdo de aprendizagem, com as estratégias de ensino, com sua forma de "ensinar", interfere decisivamente no processo.

Dessa forma, consideramos, como afirmam Bordenave e Pereira (2001, p. 41), que "o processo de ensino consistiria no manejo desses fatores e sua dinamização em uma sequência mais ou menos planejada ou sistemática". Mais do que um desempenho técnico, o ensino precisa de um professor que seja capaz de articular os elementos que interferem no processo de ensino, tornando-o suficientemente significativo para os alunos.

Pelas observações realizadas durante a pesquisa, constatamos que o desempenho do professor é fundamental para que o processo de ensino se desenvolva dentro de uma expectativa de que o aluno esteja aprendendo e, para isso, parece ser de extraordinária valia a contribuição pessoal do professor, por meio do entusiasmo ou da maneira como ele se comporta diante do conteúdo de aprendizagem e da forma como o torna acessível e significativo ao aluno.

Perrenoud (2000) propõe dez competências para ensinar, e cinco delas são diretamente envolvidas com a sala de aula. Das dez competências, podemos citar cinco como de importância capital para quem se envolve com o ensino. Para o citado autor, as competências referenciais, com base nas quais se pode construir o processo de ensino e interferir na qualidade da educação por dizerem respeito direto ao desempenho do professor na sala de aula, são:

1. "Organizar e dirigir situações de aprendizagem;
2. Administrar a progressão das aprendizagens;
3. Conceber e fazer evoluir os dispositivos de diferenciação;
4. Envolver os alunos em sua aprendizagem e em seu trabalho;
5. Utilizar novas tecnologias" (Perrenoud, 2000, p. 20).

Se os professores dessem conta de pelo menos essas cinco competências relativas à sala de aula, certamente o processo de ensino sofreria alterações tais que resultados mais positivos seriam percebidos. As professoras entrevistadas, na sua maioria, parecem não adotar uma concepção de ensino e uma teoria que dê sustentação à sua prática.

Talvez o fato de aprender a ensinar mais por imitação do que pela prática e pela reflexão seja um dos fatores que levam os professores a não optar por um processo de ensino claro e objetivo. Por outro lado, a falta de leitura e formação continuada colabora para que o professor tenha esse tipo de limite. Se falta uma concepção clara de ensino, é evidente que a concepção de aprendizagem também é um forte limitador do processo de aprendizagem.

> Boa parte das professoras não consegue descrever com precisão e falar claramente sobre uma teoria de aprendizagem, tendo até mesmo receio de dizer que adota uma ou outra teoria por não querer parecer ultrapassada ou, quem sabe, para não ser julgada pelos seus pares. Podemos afirmar que esse é um grande empecilho ao fator *aprendizagem*, pois, se o professor não sabe como o aluno aprende, dificilmente saberá ensinar.

Percebemos que, no processo de formação, boa parte das educadoras entrevistadas não chegou a optar por teorias de aprendizagem e, muito menos, a aplicar qualquer uma delas na sala de aula. O processo de ensino parece não ter nada a ver com o processo de aprendizagem, ou seja, não se estabelece nenhuma relação entre ambos.

Compreendemos, também, que a aprendizagem dos alunos é, na verdade, o ponto alto da preocupação das professoras, que é desejo delas que os alunos aprendam e que essas profissionais pensam em como facilitar esse processo. Parece que o desejo de aprender se constitui numa das formas capazes de facilitar a aprendizagem. Para Bordenave e Pereira (2001, p. 24-25), os seguintes procedimentos fazem parte da aprendizagem:

1. *Em todos os casos, a pessoa tem uma necessidade e um objetivo;*
2. *Para enfrentar o problema, que constitui uma barreira entre ela e o seu objetivo, a pessoa se prepara: estuda, lê, consulta, pergunta, examina instrumentos etc.;*
3. *A pessoa faz algumas tentativas de ação, ensaia, tenta;*
4. *A pessoa constata o sucesso ou o fracasso de sua ação;*
5. *A pessoa utiliza-se de processos mentais para aprender os objetos;*
6. *A aprendizagem se baseia em aprendizagens anteriores;*
7. *Junto às mudanças cognitivas, acontecem também processos emotivos no aprendiz;*

8. Quando se aprende algo, na realidade aprendem-se várias coisas importantes:
   + um novo conhecimento;
   + uma melhor operação mental ou motora;
   + uma confiança maior na própria capacidade de aprender;
   + uma forma de manejar ou controlar as próprias emoções para que contribuam à aprendizagem.
9. A aprendizagem é um processo integrado no qual toda a pessoa (intelecto, afetividade, sistema muscular) se mobiliza de maneira orgânica.

Admitindo essa complexidade do processo, podemos afirmar que, muitas vezes, na observação e na entrevista que realizamos, percebemos que as professoras participantes da pesquisa pareciam ignorar esses fatores ou pelo menos não levá-los em consideração, o que se torna um forte elemento limitador do processo de aprendizagem. Por outro lado, devemos também levantar a hipótese de que as professoras – nesse caso, realmente o constatamos – não têm firmeza a respeito das teorias que sustentam o processo de aprendizagem.

Assim, as contribuições de Piaget, Skinner, Gagné e outros são meras lembranças do tempo de faculdade. Para que a aprendizagem se dê de forma qualitativa, parece ser importante que o professor compreenda como o processo de aprender se dá e se desenvolve no aprendiz, de modo a poder propor estratégias de ensino capazes de dar conta da construção do conhecimento ou de levar o aprendiz a dominar a situação.

Quanto ao currículo, é interessante rever as considerações apresentadas anteriormente. Uma das professoras assim se manifestou e, de certa forma, parece refletir o pensamento da maioria dos docentes das escolas participantes da pesquisa:

Bom, o currículo da escola eu nem sei direito. Eu tenho, na realidade, eu fiz um planejamento meu, com as habilidades e competências que eu achei que valia a pena e eu sigo naquilo que eu fiz. Porque no papel tudo é bonito, tudo é lindo, maravilhoso, mas na prática tudo é diferente. Para ficar arquivado na escola, se deixa arquivado o que querem, pois o currículo não tem quase nada a ver com o cotidiano dos alunos.

A seguinte consideração também merece ser revista para ilustrar, mais uma vez, a concepção de currículo que as professoras apresentam:

> Eu considero, não sei que adjetivo vou usar, eu tenho fugido muito dele. Mesmo que esteja escrito, documentado, mas eu tenho fugido porque não vejo muita finalidade, meus alunos não veem sentido nos conteúdos que devemos passar. Eles não têm interesse. Eu não sinto interesse neles, se você entra na sala de aula para trabalhar uma gramática pura, e a partir do momento que você traz outro tipo de conteúdo que eles se interessam, eles gostam de fazer.

Essas duas colocações parecem ser suficientes para que possamos considerar que o currículo é uma peça que serve para contemplar conteúdos de ensino que nem sempre têm alguma relação com o cotidiano dos alunos. É de se perguntar quem produziu esses currículos e em que condições o fez.

Diante de tais afirmações, podemos dizer que a concepção de currículo como documento oficial, do governo ou do sistema de ensino, é a que predomina nas escolas. A falta de sentido, a falta de relação com o cotidiano do aluno parece ser o grande empecilho para uma prática reflexiva. As professoras parecem manifestar o que Sacristán e Gómez declaram, apesar de as educadoras não terem tido contato com o texto dos autores:

> Nosso pensamento está condicionado para considerar mais o currículo como uma realidade, produto ou objeto, algo tangível, um plano elaborado que depois se modelará na realidade, em vez de entendê-lo como um processo, uma práxis, em que acontecem múltiplas transformações que lhe dão um sentido particular, valor e significado. O fato de que seja caracterizado como práxis significa que em sua configuração intervêm ideias e práticas, que adquire um sentido num contexto real, com determinadas condições, que todo ele é uma construção social. (Sacristán; Gómez, 1998, p. 137)

É preciso estarmos atentos para não assumirmos a ideia de que o currículo precisa ser construído fora da realidade escolar, fora do cotidiano de determinada escola ou de um contexto social para mais tarde ser apenas aplicado em determinado local e, num passe de mágica, ajustar-se a diferentes contextos.

Para Sacristán e Gómez (1998, p. 197),

> A atividade de planejar o currículo refere-se ao processo de dar-lhe forma e de adequá-lo às peculiaridades dos níveis escolares. Desde as explicitações de finalidades até a prática é preciso planejar as atribuições e as atividades com uma certa ordem, para que haja continuidade entre intenções e ações. Planejar é, pois, algo fundamental, porque, por meio do plano, é como se elaborar o próprio currículo. Algo que compete aos professores/as, mas não apenas a eles, nem tampouco em primeiro lugar, dadas as condições do funcionamento dos sistemas educativos.

Esse é o papel do professor: planejar o currículo de tal forma que ele se conforme ao cotidiano da escola, à prática social do local onde é desenvolvido, tendo claro o objetivo de servir de guia prático para produzir uma realidade. Enquanto o pensamento dos professores a respeito do currículo permanecer da forma que observamos, teremos sérios limites na proposta de uma ação reflexiva.

Concepções de práticas pedagógicas de oralidade, leitura e produção de texto explicitadas pelas professoras participantes da pesquisa

Outro componente bastante sério nos limites para uma ação prática reflexiva é a falta de uma adoção clara das concepções pedagógicas da própria disciplina e dos eixos articuladores dos conteúdos a serem ensinados/aprendidos. Os indícios presentes nas falas das professoras e na observação das aulas permitem dizer que não há uma concepção clara de oralidade, leitura e produção de textos.

Quanto à oralidade, a compreensão do significado desse termo fica muito aquém do esperado. Em outras palavras, não há clareza sobre a prática da oralidade. Falar o quê? Para quem? Por quê? A prática observada aponta para a total falta de concepção do que seja a oralidade, de metodologias de ensino, de clareza quanto a estratégias de trabalho e, consequentemente, para o vazio de sentido nas aulas destinadas ao ensino de oralidade.

Ao planejarem as aulas de leitura, parece que os professores levam mais em consideração a decodificação da palavra do que propriamente outro aspecto. Ora, a decodificação é importante – é claro que o aluno precisa saber e reconhecer o que está escrito –, mas isso não significa que ele saiba o que está lendo.

A leitura e a escrita permanecem, na verdade, na prática da sala de aula como elementos dissociados, ou seja, parece que uma nada tem a ver com a outra ou ainda que há uma falsa concepção de que, para aprender a escrever, basta saber ler. Seria ilusório dizer isso a crianças e jovens. Aprende-se a ler lendo e aprende-se a escrever escrevendo.

É claro que há uma relação de intimidade muito grande entre os dois processos. Mas são dois processos diferentes em sua gênese e em sua prática. Ensinar a ler é diferente de ensinar a escrever. A esse respeito, Pérez e García (2001, p. 19) observam:

> *Tanto a psicolinguística contemporânea como a psicogenética nos alertam que não podemos confundir ler com decifrar nem oralizar; também não devemos esperar que um leitor passivo que decodifica, por meio da percepção, a mensagem única que invariavelmente está presente no texto. Pelo contrário, a leitura é uma atividade cognitiva que requer um sujeito envolvido na obtenção de significados e na busca da compreensão, ou na interpretação do conteúdo, se aceitarmos que a compreensão é relativa e que é possível mais de um significado interpretativo.*

Nesse sentido, é preciso que os professores optem por uma concepção de leitura e produção de textos que lhes proporcione a noção de que estão ensinando a produzir texto, e não apenas a escrever, e que os faça superar a ideia de que estão apenas ensinando a desenhar letras.

Os limites com referência às escolas onde a pesquisa foi realizada

Parece óbvio que as escolas entrevistadas, à época da pesquisa, teriam de ter elaborado projetos educativos democráticos e participativos. Na realidade, o que observamos é a existência de projetos político-pedagógicos que foram elaborados para dar conta de atender à exigência legal, apenas isso e nada mais. A seguir, faremos uma apreciação dos problemas relacionados aos paradigmas de formação educacional vigentes nas instituições citadas.

Projeto educativo

Se levarmos em consideração que a escola brasileira respira ares de "democratização", não podemos deixar de reconhecer a necessidade de organização dessa democracia em termos de construção de um projeto educativo que vise à transformação social. O que pudemos observar, no entanto, é que há um discurso pedagógico de mudança e uma prática de manutenção de esquemas de poder suficientes para não deixar florescer qualquer tentativa de democratização mais radical.

> A educação brasileira carece da construção compartilhada de um projeto educativo que contemple as necessidades de todos os componentes da comunidade educativa e que deixe claro o tipo de sociedade, de pessoa, de cidadão que se espera formar, o tipo de ensino, de conteúdos, de relações sociais que se espera construir no seio da comunidade.

Para os professores, na maioria dos casos, o projeto educativo, ou projeto político-pedagógico (PPP), é uma peça copiada, adaptada ou até mesmo imposta à escola por uma condição política e, via de regra, de conhecimento da direção e de mais algumas pessoas mais íntimas do círculo de poder.

Nas discussões a respeito, pudemos perceber que a falta de um projeto educativo construído, elaborado a partir das bases e para as bases interfere drasticamente na produção de conhecimentos, na ação dos professores e no desempenho dos alunos. A incompreensão do que seja ou como se elabora um projeto educativo ainda é uma forma de limitar a ação dos professores.

Realização de um planejamento didático superficial e de "faz de conta"

Inevitavelmente, no início de cada período letivo, os professores são convocados a fazer seus planejamentos de ensino e entregá-los à supervisão escolar antes do início das aulas. É fato conhecido nosso, assim como a reclamação dos professores.

Assim, o planejamento escolar é dissociado do contexto escolar e atende apenas a uma adequação ao que está no sumário do livro didático. Ou seja, de planejamento, mesmo, nada acontece. Aliás, é público o fato de que muitos professores apenas fotocopiam o planejamento do ano anterior e o entregam à sua supervisão sem se preocupar com qualquer tipo de adequação à turma.

Em relação ao planejamento, de fato, resta apenas a palavra. Não há qualquer indício de que se faça um planejamento autônomo, com decisões próprias dos professores, com algum tipo de participação dos alunos. Daí se pergunta: Como se pensar em uma prática reflexiva nessas condições de produção do planejamento?

Currículo escolar

Outro fator que percebemos ser capaz de limitar a prática reflexiva é a inexistência de um currículo próprio, que atenda às expectativas e à realidade social da escola.

Como já sinalizamos, o currículo é uma peça de conhecimento do diretor, do supervisor e, algumas vezes, é distribuído no início do ano letivo para que os professores façam seus planejamentos.

Falta de um programa de formação de professores

Talvez um dos limites mais decisivos esteja justamente no campo da formação de docentes. Os sistemas de ensino e as agências formadoras de professores não contemplam uma política efetiva de formação continuada ou inicial de professores que contemple a prática reflexiva.

É necessário pensar em um programa de formação de professores que seja capaz de mudar a prática pedagógica para sairmos da situação de ensino em que nos encontramos.

As possibilidades com referência às professoras participantes da pesquisa

Tendo em vista tudo o que observamos até aqui, parece claro que, pelo menos no discurso, as professoras participantes do estudo revelam tendências a mudanças nas metodologias de ensino. Vejamos a seguir os indicativos que demonstram esse desejo de melhoria por parte das profissionais da educação entrevistadas.

Consciência da necessidade de mudança

É perceptível, nas falas das professoras, a necessidade de se provar e estabelecer um processo de mudança que, na prática, venha a transformar as práticas pedagógicas da sala de aula.

Entretanto, não se aceitam mais as mudanças das décadas de 1970 e 1980, quando estas não significaram nada mais do que "reformas" que, na verdade, tinham o intuito de estabelecer um processo vertical de administração escolar.

> O que os professores pregam, de fato, é um processo de mudança que leve em consideração a especificidade e singularidade de cada unidade escolar, respeitando as possibilidades de construção de um projeto educativo, de um currículo próprio que, quando posto em funcionamento, seja capaz de concretizar inovações em todos os sentidos nos quais a escola atua.

Desejo de mudança, de transformação

Não há apenas a consciência de mudança. Essa percepção vem acompanhada de um forte desejo de transformação que privilegie os espaços destinados ao ato de ensinar: as salas de aula como ambiente ecológico da produção de conhecimentos no qual as relações interpessoais sejam capazes de construir as relações sociais num macrossistema.

Trata-se, em outras palavras, do desejo de transformação que se apoia na consciência crítica, no envolvimento das pessoas, na construção da autonomia e da responsabilidade com base nos conteúdos de aprendizagem.

Insatisfação pelos resultados obtidos em sala de aula com o processo de ensino e de aprendizagem

> Os professores já não aceitam mais passivamente os resultados obtidos no desempenho de seus alunos em avaliações dos sistemas educacionais. A recuperação da precariedade do ensino passa a ser discutida e assumida pelos professores como uma questão de honra para resolução de problemas crônicos da área educacional. A qualidade de ensino sai da área do discurso e invade as salas de aula por meio de propostas que buscam sanar as dificuldades.

É interessante observar que a insatisfação tem gerado novas propostas de ensino e que isso pode, de certa maneira, contribuir para o debate e a identificação de saídas para a situação.

Desejo de aprender

Outro fato positivo é que as professoras apresentam uma grande disposição para aprender. Reconhecem que seu processo de formação é falho e que precisam urgentemente buscar alternativas.

É possível aqui concordarmos com Perrenoud, quando afirma que os professores devem administrar sua própria formação continuada porque ela "condiciona a atualização e o desenvolvimento de todas as outras competências" (Perrenoud, 2000, p. 155). Ainda nessa linha de raciocínio, o referido pensador considera que:

> *saber administrar sua formação contínua é bem mais do que saber escolher com discernimento entre diversos cursos em um catálogo, é:*
> - *Saber explicitar as próprias práticas.*
> - *Estabelecer seu próprio balanço de competências e seu programa pessoal de formação contínua.*
> - *Negociar um projeto de formação comum com os colegas (equipe, escola, rede).*
> - *Envolver-se em tarefas em escala de uma ordem de ensino ou do sistema educativo.*
> - *Acolher a formação dos colegas e participar dela.* (Perrenoud, 2000, p. 158)

Pode-se afirmar, então, que os docentes teriam de manifestar não só o desejo, mas também a prática de conduzir seu próprio processo de formação continuada, num crescente que levasse, de fato, à aprendizagem e atualização contínuas.

Abertura à inovação

É obrigatório reconhecer a abertura à inovação presente nas manifestações das professoras. Há uma clara predisposição para conhecer novas metodologias, novas estratégias, novas formas de aprender e de ensinar. Isso ocorre, porém, com um cuidado muito especial: vários professores temem o simples modismo, porque muitos deles têm em sua formação esse componente.

As professoras demonstram em suas falas a necessidade de acompanharem as inovações pedagógicas e tecnológicas para não correrem o risco de ficarem ultrapassadas e terem um discurso pedagógico fora da realidade.

Muitas delas comentam que, em algumas ocasiões, sentem-se constrangidas diante dos alunos que têm acesso a diversos meios de comunicação, inclusive à internet, enquanto boa parte dos professores não o têm.

As possibilidades com referência às escolas participantes da pesquisa

Apesar de muitas dificuldades, as escolas participantes da pesquisa manifestam possibilidades de mudanças e aceitação de novas práticas pedagógicas. A seguir, elencamos alguns elementos que endossam essa afirmação.

Percepção da situação de ensino e de aprendizagem

A comunidade educativa já não aceita mais um professor relapso, um professor que não seja capaz de ensinar. Os baixos níveis de desempenho dos alunos do ensino fundamental e médio divulgados pelo Ministério da Educação (MEC) em seus sistemas de avaliação têm contribuído em muito para que a comunidade escolar tome consciência das deficiências da escola, do processo de ensino e de aprendizagem e tome iniciativas no sentido de ao menos minimizar a questão. Assim, as discussões em torno do assunto *qualidade* têm sinalizado a disposição da instituição escolar de buscar soluções para melhorar o desempenho docente e discente.

Isso é altamente salutar, pois a escola, via de regra, é passiva e muito raramente toma a iniciativa de propor mudanças.

Desejo de construir um projeto educativo com base na realidade de cada escola

Tanto professores quanto alunos, pais e administradores escolares sentem a grande dificuldade de se implantar um projeto educativo alheio à realidade escolar. Percebemos, nos discursos das professoras das escolas em que desenvolvemos a pesquisa, que os docentes já não estão mais submissos a sistemas que tentam impor uma prática ou um projeto alheio à sua realidade. No entanto, a despeito dessa aparente "insubordinação" ao *status quo*, as professoras entrevistadas insistem em realizar seus trabalhos tal e qual lhes é ordenado.

Há o desejo claro de propor a transformação com base na realidade da escola em questão. Mas esse desejo aponta para a tomada de atitudes que contemplem mudanças significativas no processo de ensino e de aprendizagem.

Construção de um currículo voltado ao contexto local

Nas manifestações dos professores, está clara a necessidade de construir um currículo com base no contexto local, fundamentado na realidade da escola, num processo de reflexão sobre si mesma e na busca de solução para seus problemas de ensino e de aprendizagem, engendrando um documento que seja capaz de, ao mesmo tempo, garantir um mínimo de unidade nacional, mas que respeite ao máximo a realidade local, de modo a proporcionar ao professor a possibilidade de agir com base nas necessidades dos alunos.

Desejo claro de se ter a possibilidade de uma política de formação de professores adequada à realidade atual

Finalmente, uma grande possibilidade de mudança se percebe na ansiedade dos professores em participar de um programa de formação continuada, que lhes dê a possibilidade de atualização dos conhecimentos, das técnicas, das estratégias, das formas de ensinar.

Podemos dizer que os professores pedem um programa que lhes dê a possibilidade de poder propor e administrar a própria formação continuada, na linha proposta por Perrenoud. Conferir esse grau de autonomia aos docentes é fundamental para que a educação deste início de século seja conduzida com a devida eficiência, nos termos propostos pelo referido autor.

Para o professor, parece clara a necessidade de uma formação continuada que lhe dê o suporte necessário para saber ensinar conforme propõe Perrenoud, agindo na urgência e decidindo na incerteza, sabendo tomar decisões, mobilizar recursos e ativar esquemas num contexto de complexidade. Em outras palavras, voltando a Schön (1992, 2000), é preciso formar um profissional que seja capaz de compreender a própria prática profissional com uma atuação inteligente e flexível, situada e reativa, produto integrado de uma mistura de ciência, arte e técnica, num saber-fazer sólido, teórico e prático capaz de mudar a situação do ensino seja em que disciplina for.

Para nós, é importante percebermos que há muitos limites para uma ação prática reflexiva do professor, seja de Língua Portuguesa, seja de outra disciplina qualquer. No entanto, é mais importante percebermos as possibilidades de agir com segurança, tanto no processo de ensino como no de formação de professores para essa prática.

um	fundamentos teórico-metodológicos do estudo: pesquisa-ação – uma aproximação
dois	discutindo a formação de professores: um breve olhar
três	propostas de formação de professores: um possível diálogo com Schön, Nóvoa, Perrenoud, Alarcão e Freire
quatro	o fazer e o pensar do professor de Língua Portuguesa: relato de uma aproximação da pesquisa-ação

cinco construção de uma nova possibilidade de ensinar/aprender Língua Portuguesa

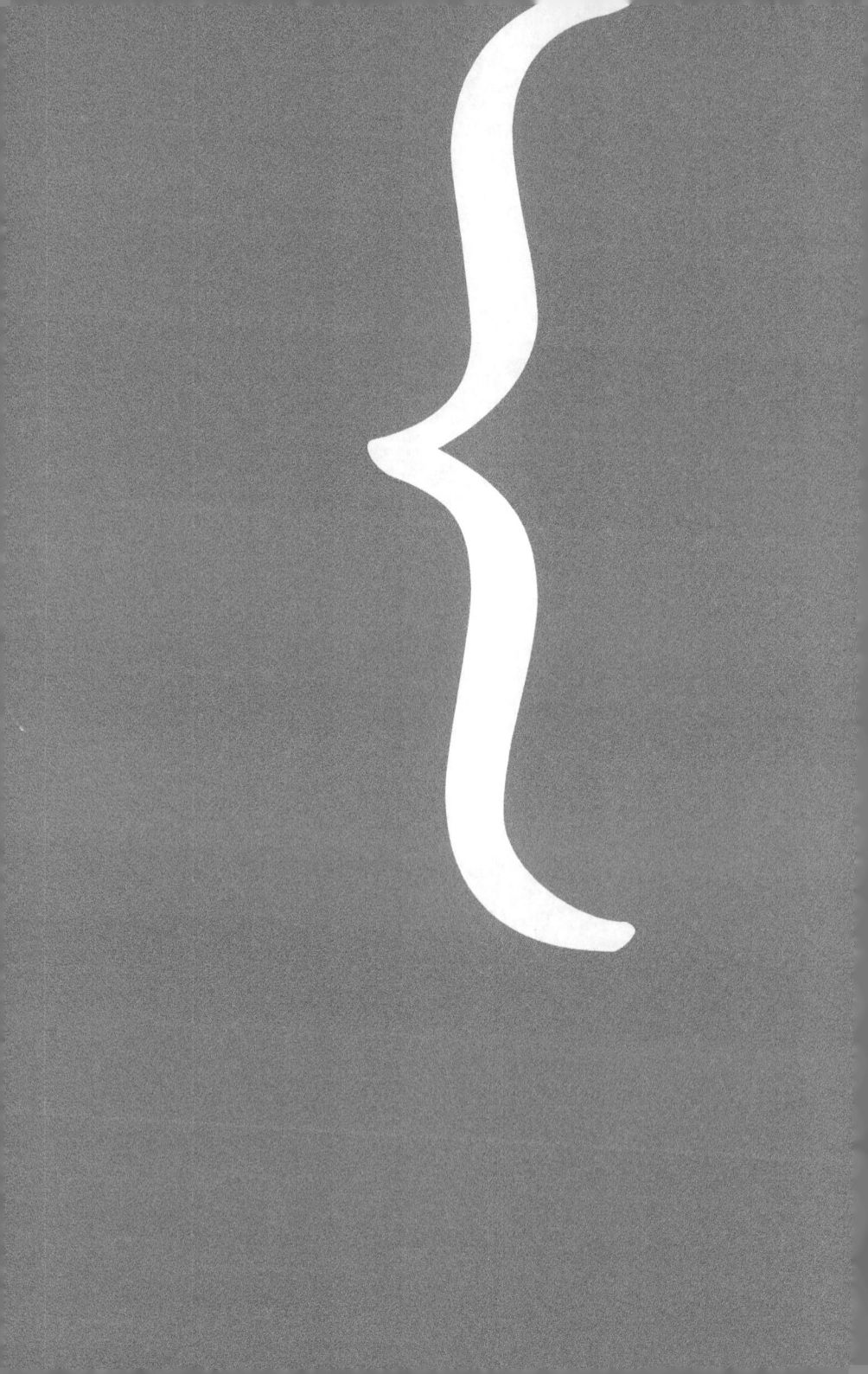

❰ NESTE CAPÍTULO, PROCURAMOS abordar algumas questões práticas a respeito de ensinar/aprender Língua Portuguesa com base no estudo que realizamos. Trata-se de uma discussão que se apresenta aberta para novos debates, novas ideias e novas considerações.

cincopontoum
O ensino reflexivo em Língua Portuguesa

Diante da exposição feita sobre as práticas da oralidade, da leitura e da escrita, perguntamos até que ponto é possível pensarmos em ensino reflexivo em Língua Portuguesa, posto que há uma série de conexões e implicações com outros fatores e com a formação dos professores, o mais importante entre eles.

Ora, propor uma prática reflexiva no ensino de Língua Portuguesa não é tarefa fácil, sabemos disso, mas também não é impossível. No entanto, é preciso estabelecer com clareza certos pressupostos para que um programa dessa natureza possa ser articulado e efetivamente posto em funcionamento.

> Uma das condições para propor o ensino reflexivo está presente na angústia dos professores que sentem a necessidade de mudança. De certa forma, há um inconformismo por parte da classe docente diante dos resultados da ação pedagógica desenvolvida na escola, que, na maioria das vezes, resulta em fracasso. Os alunos saem do ensino fundamental e médio com uma prática de leitura e escrita no mínimo sofrível.

Assim, o terreno parece propício à proposta de mudança. Há que se cuidar, porém, para que essa proposta não pareça, mais uma vez, a salvação do ensino. Políticas e projetos de salvação já foram implantados e sugeridos inúmeras vezes e os resultados foram, na maior parte destas, irrisórios.

Concordamos com Pérez e García (2001, p. 15-16), ao considerarem que:

> *A educação só será um meio de favorecer a compreensão e a transformação da realidade pessoal dos alunos quando a escola for capaz de construir uma nova cultura que, inspirada numa compreensão e no respeito pela diferença e pela contradição e baseada na participação ativa e democrática dos alunos na vida escolar, atribua aos processos de ensino e de aprendizagem uma orientação compreensiva, holística, inovadora e transformadora, imprescindível para que os alunos possam compreender e atuar criticamente no mundo. Transcender a instrução formal e a transmissão enviesada de uma série de valores, de normas e de crenças não explicitadas no currículo oficial, fugir da fragmentação e do parcelamento impostos pelo currículo, abandonar as práticas*

coercitivas e seletivas de avaliação, aumentar a compreensão do que é feito em seu interior, construir um ambiente integrador e significativo que supere a atual dicotomia entre as finalidades educativas e o conjunto de suas práticas, deixar de lado as atividades e práticas rotineiras e irrelevantes para a aprendizagem, estabelecer mediações e colaborações com outras instituições educativas para que em seu interior "se viva a cultura em suas múltiplas manifestações, com clara consciência de sua relatividade e transitoriedade, para que as compreensões não sejam propostas nem aceitas como definitivas, mas como processos sempre parciais e provisórios de uma busca sempre ativa e interminável".

Com isso, afirmamos que não é viável apenas propor uma mudança na forma de ação pedagógica da disciplina de Língua Portuguesa. É preciso uma mudança total, ou uma transformação que implique um programa de ensino e de aprendizagem que leve em consideração todos os contextos nos quais a escola está inserida.

Com referência ao ensino de Língua Portuguesa, a escola precisa basicamente dar conta de ensinar a ler e escrever. Sabemos disso. Temos essa consciência. Então, perguntamos, se sabemos disso, se temos essa consciência, por que isso não se concretiza?

Há, certamente, que se buscar respostas para certas questões, tais como:
O que é o ensino prático reflexivo?
Que forma deve ter esse ensino?
Como estabelecer um programa de mudanças dessa envergadura?
Como se constrói ou se adapta o currículo a essa proposta de ação?
Que metodologias ou estratégias de ensino e aprendizagem devem ser privilegiadas?
Que tipo de formação é necessária para o corpo docente?
Qual o envolvimento da comunidade escolar e dos gestores do processo educativo?

São questões que, a princípio, não têm respostas prontas. É necessário que o envolvimento da comunidade escolar se processe e as respostas sejam buscadas no interior desta. Caso contrário, corre-se o risco de mais uma vez buscar receitas prontas para problemas contextualizados e específicos de cada local. Certamente, tais questões levam a uma série de outras não menos importantes para que se possa delinear uma ação pedagógica de conjunto, envolvendo toda a proposta curricular da unidade de ensino. Uma das condições para que o ensino reflexivo ou a prática reflexiva possa ser implementada é a que Freire aponta com relação ao método de trabalho. Para o autor, essa prática se daria por meio de "um método ativo, dialogal, crítico e criticizador" (Freire, 2000, p. 115).

Para que essa prática possa ser estabelecida, é necessário, amtes de tudo, termos uma concepção clara do que seja o diálogo e decomo podemos utilizá-lo em sala de aula. Recorremos a Freire novamente para tentarmos estabelecer uma concepção de diálogo que vá na direção da prática reflexiva. Como o referido educador afirma,

> É uma relação horizontal de A com B. Nasce de uma matriz crítica e gera criticidade. Nutre-se do amor, da humildade, da esperança, da fé, da confiança. Por isso, só o diálogo comunica. E quando os dois polos do diálogo se ligam assim, com amor, com esperança, com, fé um no outro, se fazem críticos na busca de algo. Instala-se, então, uma relação de simpatia entre ambos. Só aí há comunicação. (Freire, 2000, p. 115)

Freire considera o diálogo como essencial para a prática educativa e, se quisermos uma inovação na prática pedagógica, teremos de aprender a dialogar. Mas um diálogo no sentido horizontal, como propõe Freire, um diálogo que considere o outro como sujeito e não como objeto numa relação vertical. Esse diálogo, essa reflexão poderia caminhar na direção de uma nova prática educativa que se transformasse em educação libertadora no sentido mesmo proposto por Freire e Shor (2001, p. 25):

> *Através da educação libertadora, não propomos meras técnicas para se chegar à alfabetização, à especialização, para se conseguir qualificação profissional, ou pensamento crítico. Os métodos da educação dialógica nos trazem à intimidade da sociedade, à razão de ser de cada objeto de estudo. Através do diálogo crítico sobre um texto ou um momento da sociedade, tentamos penetrá-lo, ver as razões pelas quais ele é como é e o contexto político e histórico em que se insere. Isto é para mim um ato de conhecimento e não uma mera transferência de conhecimento ou mera técnica para aprender o alfabeto. O curso libertador "ilumina" a realidade no contexto do desenvolvimento do trabalho intelectual sério.*

Nosso entendimento é o de que a prática reflexiva deveria ser introduzida em todas as disciplinas e não apenas na Língua Portuguesa, pois essa opção levaria a escola a reformular seu delineamento, seu perfil, seus objetivos, seus conteúdos de aprendizagem. Mesmo considerada um privilégio, uma prática reflexiva deveria ser introduzida na rede pública de ensino do Estado do Paraná, visto que tem um currículo que favorece tais situações, especialmente na disciplina de Língua Portuguesa, pois, ao propor os eixos de ação, o currículo o faz por meio das práticas da oralidade, da leitura e da escrita. Já que se trata de uma proposta prática, por que não transformá-la em prática reflexiva?

Transformando-a numa prática reflexiva, o ensino de Língua Portuguesa ou os professores de Língua Portuguesa teriam de assumir concepções de oralidade, leitura e escrita que fossem capazes de dar conta do processo de ensino e de aprendizagem, de maneira que essas práticas se tornassem atividades significativas e compartilhadas, indo além da aquisição de habilidades. Segundo Ventura (2001, p. 55), nesse paradigma educacional, os professoras devem se valer de "modelos de ensino que revalorizam a compreensão das crianças como sujeitos imersos em um contexto social, enriquecedor e cheio de experiências".

Para que isso ocorra, é necessário que os professores revejam as finalidades do ensino de Língua Portuguesa, porque ainda para alguns, de acordo com Ventura (2001, p. 57),

> A finalidade do ensino é que os alunos aprendam a descrever, a explicar, a prever ou a verificar os fatos da realidade; neste caso o ensino da leitura e da escrita ocorre de forma fragmentada e ordenada. O ensino da escrita é concebido como uma habilidade e não como um conhecimento, e são programadas atividades de tipo visual, motor ou auditivo em forma de cópia, imitação e de preparação.

No contexto escolar, essa prática de ensinar letras, sílabas, caligrafia de palavras, depois frases e só por último chegar aos textos está fortemente fragmentada. Com relação à leitura, ainda se vê a junção de letras e sílabas, num processo de ensino de leitura extremamente pausada. A mudança de atitude aqui não é apenas necessária e deve vir acompanhada de mudança de concepção, se é que se queira de alguma forma transformar a ação pedagógica em qualquer disciplina.

cincopontodois
O papel do professor de Língua Portuguesa

Entender qual seja o papel do professor de Língua Portuguesa na atualidade pode interferir, de fato, nos processos de ensinar e aprender. Trataremos a seguir de esclarecer esse ponto.

O professor como orientador do ensino e da aprendizagem

Parece já bastante claro, a esta altura do estudo, e de resto pela própria prática de ensino, que o papel do professor neste início de século, além de continuar sendo o de educador, é especialmente o de orientador do processo de ensino e do processo de aprendizagem.

O como ensinar, as estratégias, as implementações dependem de um ato de escolha do professor. Ato que depende de muitos fatores, entre eles, a formação do professor, as concepções que adota, as práticas que utiliza. Por outro lado, o processo de aprendizagem é centrado no aluno. Este é o portador das dificuldades ou facilidades de aprender que devem ser entendidas e mediadas pelo professor. Essa inter-relação precisa ser compreendida pelos professores a fim de que possam agir como mediadores do processo ou como orientadores do ensino. Nesse particular, há uma questão muito séria, que é a postura dialógica que precisa ser adotada pelo professor e que nem sempre é compreendida e dominada por todos os docentes.

> É preciso que os professores tenham clareza de duas coisas: primeira, há uma intensa, íntima relação entre o ensino e a aprendizagem, sem sombra de dúvida, mas são dois processos, um não é o outro. Ensinar cabe ao professor, é tarefa exclusiva dele.

E, certamente, não se discute que o professor, para ser orientador do ensino, deverá dominar perfeitamente os conteúdos de ensino, contar com um saber consistente, possuir uma competência altamente técnica e habilidades próprias exigidas pelo processo de ensino. Caso contrário, cairemos novamente no apelo discursivo da mudança e na prática da aula de transmissão de conteúdos prontos e acabados.

Despertar o espírito crítico

Entendendo seu papel de mediador dos processos de ensino e de aprendizagem, o professor poderá utilizar-se de uma estratégia baseada nos textos críticos sobre os diversos contextos sociais e contribuir de forma bastante positiva para a construção da verdadeira cidadania por meio do ensino de Língua Portuguesa.

Essas estratégias deliberadas, naturalmente, poderão contribuir para que o aluno entenda o valor do texto oral e escrito, a forma como os textos são produzidos, as intenções da formação textual, os objetivos claros ou implícitos em cada texto.

> Além do mais, é preciso contribuir para a mudança social por meio da mudança de pensamento e da reflexão crítica provocada no ambiente ecológico da sala de aula, que funciona como um laboratório dialógico dos problemas sociais, da questão dos valores, dos temas apresentados pelos Parâmetros Curriculares Nacionais (PCN) como temas transversais e que podem perfeitamente estar presentes na oralidade, na leitura e na produção de textos na sala de aula cotidiana, sem ser um trabalho artificialmente preparado para uma ou outra ocasião especial.

Se o professor atuar no sentido de despertar o espírito crítico, estará também atuando como professor libertador, no entender de Freire e Shor (2001, p. 89):

> *Então, o professor libertador usa uma abordagem diferente no que diz respeito à linguagem, ao ensino, à aprendizagem. Sabe muito bem que a linguagem é um problema ideológico. A linguagem tem a ver com as classes sociais, sendo que a identidade e o poder de cada classe refletem na sua linguagem.*

Mas, para isso, o profissional da educação precisa ter claras as concepções de ensino, aprendizagem, classes sociais, uso da linguagem e poder de persuasão, entre tantas outras.

Despertar o aluno para a participação no seu próprio desenvolvimento

Como orientador de aprendizagens, o professor precisa atuar na linha de mostrar ao aluno a importância de ele se manifestar, de discutir, de revelar sua opinião.

> O aluno precisa perder o medo de se expor, de dizer que não sabe; ele deve buscar, juntamente com os professores, os conhecimentos necessários que resultem em um processo de aprendizado que não seja artificial ou modelar, mas que seja efetivo e demonstre o uso da Língua Portuguesa em condições reais.

O professor que se propõe a um trabalho reflexivo terá certamente aqui a oportunidade de possibilitar que o aluno aprenda a refletir sobre si mesmo, suas dúvidas, seus progressos, seus avanços. É a oportunidade que o professor tem para criar condições para que o aluno se desenvolva, seja capaz de perceber seu desenvolvimento e queira avançar sempre mais na direção da conquista do conhecimento capaz de levá-lo a falar, a pensar, a escrever com naturalidade e correção de ideias.

O diálogo como representação de todos na sala de aula

Uma aula reflexiva certamente terá um componente dialógico, pelo qual se respeitam as ideias contrárias acerca de temas e assuntos sociais relevantes para a formação integral e humanística dos alunos.

O professor e os alunos precisam aprender que a sociedade é justamente a convivência dos contrários, que a homogeneidade inexiste no ambiente social, que só a heterogeneidade é que confere o caráter social aos diversos grupos que convivem num macroambiente social e que a sala de aula é a representação micro desse ambiente, portanto palco das mesmas situações. Trata-se do diálogo na concepção de Freire e Shor (2001, p. 123), ou seja, do "momento em que os seres humanos se encontram para refletir sobre sua realidade tal como a fazem e refazem. Outra coisa: na medida em que somos seres comunicativos, que nos comunicamos uns com os outros, nos tornamos mais capazes de saber que sabemos, que é algo mais do que só saber".

Tendo isso em vista, podemos afirmar que o professor deve aproveitar esse caráter para ser educador e trazer à discussão os mais diversos textos ligados às mais diferentes áreas do conhecimento humano, percebendo a intenção dos discursos, a forma como eles se produzem, se manifestam e convencem as pessoas nos mais diferentes ambientes.

A interação discursiva como reflexão

Para dar sentido a uma prática discursiva capaz de produzir a reflexão num processo de interação entre os sujeitos da sala de aula, o professor precisa compreender a aula como uma situação social que envolve um discurso.

> O professor e os alunos precisam ter consciência de que os falantes que interagem em dada situação social na sala de aula têm papéis sociais definidos na sociedade e falam, pensam e agem com base nesses pontos de vista que representam. Nessa direção, tanto alunos como professores terão de ter em mente que o discurso, oral ou escrito, é produzido com base em uma opção, um ponto de vista, uma condição social, e que, nesse sentido, todos os textos merecem o respeito necessário para que possam ser independentemente produzidos e depois analisados, interpretados, criticados.

Os conteúdos de ensino ou de aprendizagem, como queiram, devem estar presentes na ação pedagógica a fim de se evitar que a aula se torne um ambiente de "conversa" sem qualquer finalidade.

Tornar as atividades linguísticas em momentos de vivência da funcionalidade da linguagem sem a artificialidade dos discursos importados para a sala de aula pode tornar o ambiente de aprendizagem rico e altamente significativo para alunos e professores.

É preciso que a interação discursiva ultrapasse os limites do certo e do errado e traga à discussão os problemas específicos de cada tipologia textual, a adequação da fala e da escrita nos diversos momentos sociais, a clareza das ideias, do conteúdo, a coerência da expressão, a pertinência da construção das frases, a sequência das ideias, a coesão dos parágrafos, levando em consideração todas as dimensões linguísticas, sejam elas contextuais ou textuais.

Leitura e a escrita como práticas reflexivas

A leitura e a escrita parecem ser faces de uma mesma moeda, e realmente o são se considerarmos a importância das duas e a relação entre elas. Aprender a ler e escrever significa estar pronto para aprender o conteúdo de outras áreas, pois a aprendizagem da língua está na base das demais aprendizagens.

Assim, as habilidades de leitura e de escrita precisam ser pensadas em termos de estratégias de ensino capazes de dar conta da aprendizagem significativa e também da aprendizagem reflexiva. Em outras palavras, aquilo que o professor aprende/ensina em Língua Portuguesa precisa ter um significado substantivo para o aluno e para os conteúdos de uma forma geral, para que o trabalho do educador não caia no vazio da teoria ou da prática e não leve o aluno a não pensar no que faz enquanto o faz.

Cabe ao professor estabelecer uma relação conteúdo curricular/estratégia de ensino/conteúdo de aprendizagem/contexto social capaz de ser abrangente o suficiente para levar o aluno a pensar e aprender a fazer de forma prática reflexiva suas tarefas de aprender a ler e escrever. Escrever num sentido mais amplo, que não se esgota no saber codificar uma mensagem, mas que rompe a estrutura linguística do código escrito para atingir a sua real significância em determinado contexto em que é construído.

Assim, a aprendizagem reflexiva de leitura e produção de um texto vai além do simples treino da habilidade de escrever. A habilidade de escrever é importante, sem dúvida alguma, mas a formatação do texto em determinada tipologia textual atendendo aos quesitos da finalidade do texto, do momento e do destinatário deve, certamente, envolver questões que respondam por que escrever, para quem escrever, como escrever e o que se quer dizer do ponto de vista de um indivíduo situado num contexto social, econômico, político, ético, religioso, para outra pessoa também contextualmente situada.

{

considerações finais

❦ DEPOIS DE PERCORRERMOS o caminho traçado para a realização da pesquisa proposta, talvez estejamos como o Sr. Palomar, de *Leitura de uma onda*, de Ítalo Calvino, com muito mais perguntas do que respostas, e talvez ainda mais inseguros a respeito de tudo.

O que é certo é que não podemos tratar da formação de professores sem considerar toda a complexidade que a envolve e, ainda, a complexidade que ela sugere nos diversos contextos em que é realizada.

É certo que encontramos muitas respostas, muitas sugestões, muitos caminhos. Mas é igualmente certo que percebemos ser a formação de professores apenas uma parte do grande *iceberg* que é a problemática educacional. É verdade que a escola é uma representação em escala menor de uma sociedade de classes, e é igualmente verdade que essa sociedade está imersa num emaranhado de problemas, de dúvidas, de incertezas e que as relações sociais estão extremamente modificadas e complexas na atualidade.

A escola, pelo menos em relação à concepção de 20 anos atrás, mudou sensivelmente. Ao longo dos anos, as inter-relações sociais foram sugerindo e moldando um mundo novo, uma escola nova, uma prática diferente. Já não há mais lugar para uma escola retransmissora de conhecimentos. Parece que não há mais lugar para o verbalismo, parece que os alunos já não querem mais o professor que fala indefinidamente.

Essas impressões calaram fundo no nosso modo de pensar e ver o mundo da educação. É preciso mudar o olhar. A preocupação não pode ser apenas com a formação dos professores.

É preciso ir muito além. A formação é apenas um componente, importante, sem sombra de dúvidas, mas apenas um. É necessário ter em conta que a educação se dá numa relação de pessoas, de sujeitos, como diz Paulo Freire, de sujeitos situados e datados. Talvez tenhamos ao longo do tempo esquecido disso. Não é mais possível ter uma escola voltada para papéis oficiais que a organizem e a determinem. Ela precisa se manifestar, dizer quem é, a que veio, por que veio, para quem veio. E só assim, quem sabe, possamos estabelecer um projeto de escola que leve em conta a situacionalidade do professor e do aluno.

Com Freire, podemos afirmar que, mesmo antes de se pensar em formação de professor reflexivo, a educação precisa ser transformadora, libertadora e considerar com ele que a "transformação é possível porque a consciência não é um espelho da realidade, simples reflexo, mas é reflexiva e refletora da realidade" (Freire; Shor, 2001, p. 25).

Mas que realidade é essa? Que transformação é essa? Ora, se eu preparo um profissional para atuar, por exemplo, no campo da odontologia e minha preocupação se dá apenas com a preparação técnica, com a prática, com o saber-fazer, que valor terá esse profissional para a sociedade?

Mas, se eu o preparo um profissional para "pensar" a realidade de sua profissão, o modo de vida, por exemplo, de pessoas que vivem em regiões menos favorecidas, onde possivelmente ele terá de atuar, talvez em um programa de saúde de um órgão público, e sua atuação tenha a ver com os problemas sociais relacionados à falta de higiene, de conhecimentos básicos de saúde, pode ser que ele possa intervir no processo social e, quem sabe, organizar a própria população para lutar por seus direitos de saúde e de saneamento básico.

Essa realidade não seria apenas refletida no modo de pensar do profissional, mas reflexiva na direção de propor ações que possam transformar a realidade. Talvez seja esse o ensino que precisamos, desde os níveis iniciais até o ensino superior.

Pode ser que seja esse o profissional prático-reflexivo que precisamos. Mas como preparar esse profissional? Para Freire e Shor (2001, p. 27),

> *Os professores têm poucas oportunidades de ver salas de aula libertadoras. Os programas de formação de professores são quase sempre tradicionais e as escolas que eles frequentam não estimulam a experimentação. Assim, o problema dos modelos é a primeira questão que os professores levantam. Parte desse problema envolve outras questões: Como a educação libertadora se diferencia da educação tradicional? Como se relaciona com a mudança social?*

Pensar essas e outras questões relacionadas à prática pedagógica parece ser de fundamental importância se quisermos a ação reflexiva do professor e dos alunos, se quisermos a práxis transformadora e não apenas a práxis espontânea, que, se, por um lado, não deixa de ser prática, por outro, é apenas uma repetição mecânica de um fazer sem compromisso social. No nosso entendimento, os programas de formação de professores deveriam, então, no dizer de Freire e Shor, proporcionar uma educação libertadora, que é, *fundamentalmente, uma situação na qual tanto os professores como os alunos devem ser os que aprendem; devem ser os sujeitos cognitivos, apesar de serem diferentes. Este é, para mim, o primeiro teste da educação libertadora: que tanto os professores como os alunos sejam agentes críticos do ato de conhecer.* (Freire; Shor, 2001, p. 46)

Enfim, propor uma formação reflexiva para os professores atuarem especialmente na área da linguagem significa propor, como afirmam Freire e Shor (2001, p. 30), que, "quando o homem compreende sua realidade, pode levantar hipóteses sobre o desafio dessa realidade e procurar soluções". Esse parece ser o desafio da formação e da ação reflexiva do professor, seja em Língua Portuguesa, seja em qualquer outra disciplina ou matéria.

Feitas essas considerações, parece-nos importante tentar responder às questões que envolveram e realizaram o presente estudo. Inicialmente, tínhamos como objetivo geral contribuir para a reflexão a respeito da formação e especialmente da ação de professores reflexivos e para a consequente interferência na prática pedagógica, ou seja, no cotidiano escolar.

Pelas ações desencadeadas ao longo do estudo, podemos considerar essa intenção como cumprida em grande parte. Naturalmente, muitas ideias ficaram a descoberto, muitas questões surgiram e permanecem ainda abertas, o que certamente será o desafio seguinte: a ação prática para transformação da realidade.

Sem dúvida, as ideias de Schön, Nóvoa, Perrenoud, Alarcão, Vázquez e, especialmente, Paulo Freire contribuíram de maneira decisiva para a reflexão aqui proposta, porém ficam muitos contrapontos a serem estudados, o que certamente se constitui na riqueza deste estudo, ao menos no nosso entendimento, uma vez que não queríamos de forma alguma encontrar respostas definitivas e acabadas.

Assim, questões propostas no estudo, como até que ponto a formação dos professores pode levar à conduta reflexiva, carecem ainda de respostas mais definitivas. O que podemos afirmar é que a formação inicial interfere logo no início da carreira do profissional, mas que, com o decorrer do tempo, à medida que vai afastando-se longitudinalmente do professor, as ideias vão se mesclando e um novo profissional com posturas e ideias diferentes vai surgindo.

O certo é que a formação, seja inicial, seja continuada, precisa convencer o profissional de que aquilo que ele pensa e faz é válido para transformar certa realidade.

A questão que se referia aos fatores que contribuem para a formação e ação do professor reflexivo pode ser respondida pela relação que se estabelece entre o que professor aprende no curso de formação e a realidade que ele vive na escola. São mundos diferentes.

A formação é tradicional, baseada na repetição, na prática espontânea, no saber-fazer, mas com muito pouco de reflexão, mais como prática pela prática mesmo. Esse fator não desmerece a formação das nossas professoras participantes da pesquisa, pelo contrário, uma vez que elas se dão conta de que no período de formação as concepções e as formas de ação pedagógicas foram outras.

Além de a formação inicial contribuir muito, também, é claro, a realidade do contexto escolar é decisiva. Cada escola é única. Cada turma é singular. A diversidade de saberes, de origens, de problemas sociais mostra que o professor precisa ser formado para compreender tais fatos e lidar com eles.

Ainda podemos afirmar que havia no grupo participante da pesquisa uma diversidade de concepções a respeito da formação de professores. O certo, porém, é que quase todas as professoras ainda eram oriundas da formação tradicional. Isso se explica pelo tempo de serviço no magistério e até mesmo pela forma de ação das escolas de formação, uma vez que a prática pedagógica é uma das formas mais tradicionais de manter o controle da vida escolar e da própria sociedade.

Novidades vindas pelo esforço pessoal de construção do próprio caminho desviaram muitas das professoras da formação inicial, mas a complexidade de concepções, de ideias e de dúvidas acabou por deixar o grupo sem ter "certezas" (em educação, infelizmente, ainda se pensa que é preciso ter certeza de que o resultado será aquele que se espera).

Todas as professoras participantes do grupo de estudo concordaram com a prática reflexiva e muitas até pensam que estão agindo reflexivamente. No entanto, quando as concepções sobre a práxis reflexiva ficaram mais claras, pudemos perceber que quase todos nós estávamos equivocados.

A contribuição dos autores, nesse sentido, foi de especial valia. Especialmente na última parte, a reflexão com Paulo Freire contribuiu de modo particular para clarear as ideias e pensar outros modos de ação pedagógica.

Ainda tínhamos uma questão: Qual o papel da Língua Portuguesa na práxis reflexiva? Ora, a linguagem tem um poder especial. É preciso perceber a contribuição da palavra no processo de formação humana. É pela palavra que as pessoas se revelam, desvelam seus pensamentos, suas ideias, suas ações. A linguagem, portanto, contribui de maneira decisiva na formação dos indivíduos. Por isso, o papel da Língua Portuguesa, num processo reflexivo, é fundamental para que a pessoa possa expressar-se e, expressando-se, dialogar, no caso, no sentido em que Freire emprega a palavra, ou seja, chegar a uma "transitividade crítica, dialogal e ativa, voltada para a responsabilidade social e política se caracterizando pela profundidade na interpretação dos problemas" (Freire; Shor, 2001, p. 69).

No Capítulo 4 do nosso estudo, cremos que respondemos ao objetivo geral dessa proposta ao analisarmos e criticarmos as possibilidades e os limites da ação reflexiva do professor de Língua Portuguesa. E uma questão que fica muito clara é mesmo a da formação.

É preciso intervir no processo de formação, seja inicial, seja continuada, se quisermos ação reflexiva em Língua Portuguesa ou qualquer outra disciplina. Assim, parece-nos que o estudo deu conta de responder às questões a que se propôs, sinalizando as possibilidades e os limites de uma ação reflexiva, que deveria ser proposta nos moldes da práxis reflexiva pensada por Freire, no sentido de sermos capazes de verificar que

> No processo de aprendizagem, só aprende verdadeiramente aquele que se apropria do aprendido, transformando-o em aprendido, com o que pode, por isso mesmo, reinventá-lo; aquele que é capaz de aplicar o aprendido-aprendido a situações existenciais concretas. Pelo contrário, aquele que é "enchido" por outros de conteúdos cuja inteligência não percebe, de conteúdos que contradizem a própria forma de estar no mundo, sem que seja desafiado, não aprende. (Freire, 1977, p. 13)

Talvez esteja aí a chave de tudo. Pode ser que esteja aí a formação do professor com o perfil desejado para ser mediador entre o aluno e o objeto do conhecimento. Mas não um mediador qualquer, e sim um facilitador da aprendizagem. Um mediador capaz de ensinar e de acompanhar o processo de aprendizagem de seus alunos.

{

referências

ALARCÃO, I. (Org.). Formação reflexiva de professores: estratégias de supervisão. Porto: Porto Editora, 1996.

ALVES, N.; GARCIA, R. L. (Org.). O sentido da escola. 2. ed. Rio de Janeiro: DP&A, 2000.

ANDRÉ, M. E. D. A de. Etnografia da prática escolar. Campinas: Papirus, 1995.

ARENDT, H. Da revolução. Lisboa: Moraes Editores, 1971.

BARDIN, L. Análise de conteúdo. Lisboa: Edições 70, 1995.

BARRETO, E. S. de S. (Org.). Os currículos do ensino fundamental para as escolas brasileiras. 2. ed. Campinas: Autores Associados, 2000.

BASTOS, N. M. O. B. O papel do professor no ensino de língua portuguesa. São Paulo: Selinute, 1995.

BATISTA, A. A. G. Aula de português: discurso e saberes escolares. São Paulo: M. Fontes, 1997.

BECKER, H. S. Métodos e técnicas de pesquisa em ciências sociais. 3. ed. São Paulo: Hucitec, 1997.

BICUDO, M. A. V.; ESPÓSITO, V. H. C. A pesquisa qualitativa em educação: um enfoque fenomenológico. 2. ed. Piracicaba: Ed. da Unimep, 1997.

BODGAN, R. C.; BIKLEN, S. K. Investigação qualitativa em educação: uma introdução à teoria e aos métodos. Porto: Porto Editora, 1994.

BORDENAVE, J. D.; PEREIRA, A. M. Estratégias de ensino-aprendizagem. 22. ed. Petrópolis: Vozes, 2001.

BRANDÃO, C. R. Saber e ensinar: três estudos de educação popular. Campinas: Papirus, 1984.

BRASIL. Lei n. 5.692, de 11 de agosto de 1971. Diário Oficial da União Poder Legislativo, Brasília, 12 ago. 1971. Disponível em: <http://www.planalto.gov.br/ccivil_03/leis/l5692.htm>. Acesso em: 20 set. 2012.

_____. Lei n. 9.394, de 20 de dezembro de 1996. Diário Oficial da União Poder Legislativo, Brasília, 23 dez. 1996. Disponível em: <http://www.planalto.gov.br/ccivil_03/leis/L9394.htm>. Acesso em: 20 set. 2012.

BRASIL. Ministério da Educação. Proposta de Diretrizes para a Formação Inicial de Professores da Educação Básica, em Cursos de Nível Superior. maio 2000. Disponível em: <http://portal.mec.gov.br/cne/arquivos/pdf/basica.pdf>. Acesso em: 20 set. 2012.

BRASIL. Ministério da Educação. Conselho Nacional de Educação. Parecer n. 4, de 11 de março de 1997. Relatora: Hermengarda Alves Ludke. Diário Oficial da União, Brasília, 15 mar. 1997. Disponível em: <http://portal.mec.gov.br/cne/arquivos/pdf/PNCP0497.pdf>. Acesso em: 20 set. 2012.

CAMARGO, E. S. P. et al. Formação de profissionais da educação: políticas e tendências. Educação & Sociedade, Campinas, ano 20, n. 69, p. 239-277, 1999.

CAMPOS, S.; PESSOA, V. I. F. Discutindo a formação de professoras e professores com Donald Schön. In: GERALDI, C. M. G.; FIORENTINI, D.; PEREIRA, E. M. (Org.) Cartografias do trabalho docente: professor(a)--pesquisador(a). Campinas: Mercado de Letras; ALB, 1998. p. 183-206.

CANDAU, V. M. (Coord). Novos rumos da licenciatura. Brasília: Inep; Rio de Janeiro: Ed. da PUC-RJ, 1987.

CARDOSO, B.; TEBEROSKI, A. (Org.). Reflexões sobre o ensino da leitura e da escrita. 10. ed. Petrópolis: Vozes, 2000.

CARVALHO, A. M. P. de. A formação do professor e a prática de ensino. São Paulo: Pioneira, 1988.

CARVALHO, M. C. M. de. (Org.). Construindo o saber: metodologia científica – fundamentos e técnicas. 6. ed. Campinas: Papirus, 1997.

CHIZZOTTI, A. Pesquisa em ciências humanas e sociais. 2. ed. São Paulo: Cortez, 1995.

COLL, C.; EDWARDS, D. (Org.). Ensino, aprendizagem e discurso em sala de aula: aproximações ao estudo do discurso educacional. Porto Alegre: Artes Médicas, 1998.

CRÓ, M. de L. Formação inicial e contínua de educadores/professores. Porto: Porto Editora, 1998.

CUNHA, M. I. da. O bom professor e sua prática. Campinas: Papirus, 1989.

DEWEY, J. How We Think. Boston: Heath & Publishers, 1910.

ESTEVES, A. J. A investigação-acção. In: SILVA, A. S.; PINTO, J. M. (Org.). Metodologia das ciências sociais. Porto: Edições Afrontamento, 1999. p. 251-278.

FERNANDES, J. A. T. Uma reflexão sobre a diversidade cultural na universidade: respeito às diferenças. Contribuciones a las Ciencias Sociales, ago. 2012. Disponível em: <http://www.eumed.net/rev/cccss/21/jatf.html>. Acesso em: 20 set. 2012.

FERREIRA, A. B. de H. Dicionário Aurélio de língua portuguesa. Rio de Janeiro: Nova Fronteira, 1988.

FERRY, G. El trayecto de la formación. Madrid: Piados, 1991.

FRANCO, A. Metodologia de ensino: língua portuguesa. Belo Horizonte: Lê, 1997.

FREIRE, P. Conscientização: teoria e prática da libertação – uma introdução ao pensamento de Paulo Freire. 3. ed. São Paulo: Moraes, 1980.

_____. Educação como prática da liberdade. Rio de Janeiro: Paz e Terra, 2000.

_____. Educação e mudança. Rio de Janeiro: Paz e Terra, 1998.

_____. Extensão ou comunicação? Rio de Janeiro: Paz e Terra, 1977.

_____. Pedagogia da autonomia: saberes necessários à prática educativa. São Paulo: Paz e Terra, 2002.

FREIRE, P.; FAGUNDEZ, A. Por uma pedagogia da pergunta. Rio de Janeiro: Paz e Terra, 1985.

FREIRE, P.; SHOR, I. Medo e ousadia: o cotidiano do professor. Rio de Janeiro: Paz e Terra, 2001.

GADOTTI, M. Concepção dialética da educação: um estudo introdutório. 11. ed. São Paulo: Cortez; Instituto Paulo Freire, 2000.

_____. Educação e poder: introdução à pedagogia do conflito. 12. ed. São Paulo: Cortez, 2001.

_____. Formação de professores: por uma mudança educativa. Porto: Porto Editora, 1999.

_____. Pedagogia da práxis. 2. ed. São Paulo: Cortez; Instituto Paulo Freire, 1998.

GARCIA, C. M. A formação de professores: novas perspectivas baseadas na investigação sobre o pensamento do professor. In: NÓVOA, A. (Coord.). Os professores e sua formação. Lisboa: Publicações Dom Quixote, 1992.

GERALDI, C. M. G.; FIORENTINI, D.; PEREIRA, E. M. (Org.). Cartografias do trabalho docente: professor(a)-pesquisador(a). Campinas: Mercado de Letras; ALB, 1998.

GERALDI, J. W. (Org.). O texto na sala de aula. 2. ed. Cascavel: Assoeste, 1984.

GIL, A. C. Como elaborar projetos de pesquisa. 3. ed. São Paulo: Atlas, 1991.

_____. Métodos e técnicas de pesquisa social. 4. ed. São Paulo: Atlas, 1994.

GÓMEZ, A. P. O pensamento prático do professor: a formação do professor como profissional reflexivo. In: NÓVOA, A. (Coord.). Os professores e sua formação. Lisboa: Publicações Dom Quixote, 1992.

GRASSI, M. H. Formação de professores reflexivos: uma alternativa? Caderno Pedagógico, Lajeado, n. 2, p. 42-55, 1999. Disponível em: <http://www.univates.br/files/files/univates_novo//editora/arquivos_pdf/caderno_pedagogico/caderno_pedagogico2/formacaodeprofessoresreflexivos.pdf>. Acesso em: 20 set. 2012.

HAGUETE, T. M. F. Metodologias qualitativas na sociologia. Petrópolis: Vozes, 1999.

KINCHELOE, J. L. A formação do professor como compromisso político: mapeando o pós-moderno. Porto Alegre: Artes Médicas, 1997.

KLEIMAN, A. B.; SIGNORUNI, I. (Org.). O ensino e a formação do professor: alfabetização de jovens e adultos. Porto Alegre: Artmed, 2000.

LAGAR, F. M. G. Concepções de formação docente. In: ENCONTRO ESTADUAL DE DIDÁTICA E PRÁTICA DE ENSINO, 4., Goiânia, 2011. Anais... Goiânia: Edipe, 2011. Disponível em: <http://www.ceped.ueg.br/anais/ivedipe/pdfs/didatica/co/256-544-1-SM.pdf>. Acesso em: 20 set. 2012.

LARA, T. A. A escola que não tive... O professor que não fui... São Paulo: Cortez, 1996.

LAVILLE, C.; DIONNE, J. A construção do saber: manual de metodologia da pesquisa em ciências humanas. Porto Alegre: Artmed; Belo Horizonte: Ed. da UFMG, 1999.

MARITAIN, J. Elementos de filosofia. 15. ed. Rio de Janeiro: Agir, 1987.

MAZZOTTI, A. J. A.; GEWANDSZNAJDER, F. O método nas ciências naturais e sociais: pesquisa quantitativa e qualitativa. São Paulo: Pioneira, 1998.

MENZE, C. Formación. In: SPECK, J. et al. (Ed.). Conceptos fundamentales de pedagogia. Barcelona: Herder, 1981.

MERLEAU-PONTY, R. Fenomenologia da percepção. Rio de Janeiro: F. Bastos, 1971.

MIGUEL, M. E. B. A formação do professor e a organização social do trabalho. Curitiba: Ed. da UFPR, 1997.

MINAYO, M. C. de S. (Org.). Pesquisa social: teoria, método e criatividade. 9. ed. Petrópolis: Vozes, 1994.

MORETE, J. T. D.; FERRO, G. D. M. Didática da língua portuguesa. 4. ed. São Paulo: Ática, 1993.

MURRIE, Z. de F. (Org.). O ensino de português: do primeiro grau à universidade. 4. ed. São Paulo: Contexto, 1998.

NÓVOA, A. (Coord.). Os professores e sua formação. Lisboa: Publicações Dom Quixote, 1992.

_____. Profissão: professor. Porto: Porto Editora, 1991.

NÓVOA, A. (Org.). Profissão: professor. Porto: Porto Editora, 1999.

PÁDUA, E. M. M. de. Metodologia da pesquisa: abordagem teórico-prática. 2. ed. Campinas: Papirus, 1997.

PARANÁ. Secretaria de Estado da Educação do Paraná. Currículo Básico para a Escola Pública do Paraná. Curitiba, 1992. Disponível em: <http://pt.scribd.com/doc/30515036/Ensino-Curriculo-Basico-para-a-Escola-Publica-do-Estado-do-Parana>. Acesso em: 21 set. 2012.

PEREIRA, J. C. R. Análise de dados qualitativos: estratégias metodológicas para as ciências da saúde, humanas e sociais. 2. ed. São Paulo: Edusp, 1999.

PEREIRA, J. E. D. As licenciaturas e as novas políticas educacionais para a formação docente. Educação & Sociedade, Campinas, v. 20, n. 68, dez. 1999. Disponível em: <http://www.scielo.br/scielo.php?script=sci_arttext&pid=S0101-73301999000300006>. Acesso em: 20 set. 2012.

PERRENOUD, P. A prática reflexiva no ofício de professor: profissionalização e razão pedagógica. Porto Alegre: Artmed, 2002.

_____. Dez novas competências para ensinar. Porto Alegre: Artmed, 2000.

_____. Ensinar: agir na urgência, decidir na incerteza. Porto Alegre: Artmed, 2001.

_____. Formação contínua e obrigatoriedade de competências na profissão de professor. Genebra: Universidade de Genebra, 1998.

PÉREZ, F. C.; GARCÍA, J. R. (Org.). Ensinar ou aprender a ler e a escrever? Porto Alegre: Artmed, 2001.

PIMENTA, S. G.; GHEDIN, E. (Org.). Professor reflexivo no Brasil: gênese e crítica de um conceito. São Paulo: Cortez, 2002.

PLANTAMURA, V. Zonas de inovação e contextos formativos para competências crítico-reflexivas. Disponível em: <http://www.senac.br/BTS/282/boltec282b.htm>. Acesso em: 21 set. 2012.

RICHARDSON, R. J.; PERES, J. A. de S. Pesquisa social: métodos e técnicas. São Paulo: Atlas, 1999.

RICHTER, M. G. Ensino do português e interatividade. Santa Maria: Ed. da UFSM, 2000.

SACRISTÁN, J. G. Consciência e ação sobre a prática como libertação profissional dos professores. In: NÓVOA, A. (Org.). Profissão: professor. Porto: Porto Editora, 1991.

SACRISTÁN, J. G.; GÓMEZ, A. I. P. Compreender e transformar o ensino. 4. ed. Artes Médicas, 1998.

SANTOS FILHO, J. C. D.; GAMBOA, S. S. (Org.). Pesquisa educacional: quantidade-qualidade. 2. ed. São Paulo: Cortez, 1997.

SCHÖN, D. Educating the Reflective Practitioner. San Francisco, CA: Jossey-Bass, 1987.

_____. Educando o profissional reflexivo: um novo design para o ensino e a aprendizagem. Porto Alegre: Artmed, 2000.

SCHÖN, D. Formar professores como profissionais reflexivos. In: NÓVOA, A. Os professores e sua formação. Lisboa: Publicações Dom Quixote, 1992.

_____. The Reflective Practitioner: How Professionals Think in Action. New York: Basic Books Inc., 1983.

SERBINO, R. V. et al. Formação de professores: pedagogia da qualidade. São Paulo: Ed. da Unesp, 1998.

SHAVELSON, R. J. Toma de decisiones interactivas: algunas reflexiones sobre los procesos cognoscitivos de los profesores. In: VILLAR ÂNGULO, L. M. (Ed.). Pensamientos de los profesores y toma de decisiones. Sevilla: Servicio de Publicaciones de La Universidad de Sevilla, 1986.

SILVA, A. S.; PINTO, J. M. (Org.). Metodologia das ciências sociais. 10. ed. Porto: Edições Afrontamento, 1996.

SILVA, M. L. M. da. Educação de jovens e adultos (ensino médio): modalidade alienadora ou transformadora? 36 f. Monografia (Especialização em Educação de Jovens e Adultos) – Faculdade Integrada de Jacarepaguá, Rio de Janeiro, 2008. Disponível em: <http://sigplanet.sytes.net/nova_plataforma/monografias../4132.pdf>. Acesso em: 20 set. 2012.

SIQUEIRA, J. H. S. de. O texto: movimentos de leitura, táticas de produção, critérios de avaliação. São Paulo: Selinunte, 1990.

SIROTA, R. A escola primária no cotidiano. Porto Alegre: Artes Médicas, 1994.

SOLÉ, I. Estratégias de leitura. 6. ed. Porto Alegre: Artes Médicas, 1998.

SUASSUNA, L. Ensino de língua portuguesa: uma abordagem pragmática. Campinas: Papirus, 1995.

THIOLLENT, M. Metodologia da pesquisa-ação. 8. ed. São Paulo: Cortez, 1998.

_____. Pesquisa-ação nas organizações. São Paulo: Atlas, 1997.

TRAVAGLIA, L. C. Gramática e interação: uma proposta para o ensino de gramática no 1º e 2º graus. 2. ed. São Paulo: Cortez, 1997.

TRIVIÑOS, A. N. S. Introdução à pesquisa em ciências sociais: a pesquisa qualitativa em educação. São Paulo: Atlas, 1987.

VÁZQUEZ, A. S. Filosofia da práxis. 2. ed. Rio de Janeiro: Paz e Terra, 1977.

VENTURA, M. Hoje se ensina a ler e escrever? In: PÉREZ, F. C.; GARCÍA, J. R. (Org.). Ensinar ou aprender a ler e escrever. Porto Alegre: Artmed, 2001. p. 55-63.

WOODS, P. Investigar a arte de ensinar. Porto: Porto Editora, 1996.

ZABALA, A. (Org.). Como trabalhar os conteúdos procedimentais em aula. Porto Alegre: Artmed, 1999.

ZABALZA, M. A. Diários de classe. Porto: Porto Editora, 1994.

ZEICHNER, K. M. A formação reflexiva de professores: ideias e práticas. Lisboa: Educa, 1993.

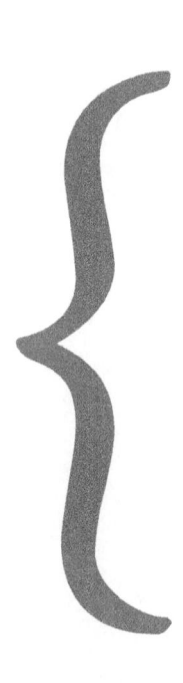

{

nota sobre o autor

❰ DIRCEU ANTONIO RUARO é graduado em Letras Português-Inglês pela Universidade Estadual do Centro-Oeste (Unicentro – Guarapuava-PR), licenciado em Pedagogia pela Universidade Luterana do Brasil (Ulbra-RS), mestre e doutor em Educação pela Universidade Estadual de Campinas (Unicamp-SP). Conta também com especialização em Literatura Brasileira pela Universidade Estadual de Ponta Grossa (UEPG-PR), em Língua Portuguesa pela Fundação de Ensino Superior de Pato Branco (Funesp-PR) e em Psicopedagogia Clínica e Institucional pela Escola Superior Aberta do Brasil (Esab).

É autor dos livros *Prática reflexiva de professores: possibilidades e limites*; *Manual de apresentação de produção acadêmica: pesquisa – textos acadêmicos e apresentação de trabalhos*; *Procedimentos para produção e apresentação de textos acadêmicos*; e *Não terceirize a educação de seu filho: nossos filhos e seus comportamentos (nem sempre) maravilhosos*.

Publica artigos semanais sobre educação no *Jornal Diário do Sudoeste*, de Pato Branco-PR, e em revistas científicas da área de educação com concentração em ensino, avaliação e formação de professores.

Os papéis utilizados neste livro, certificados por instituições ambientais competentes, são recicláveis, provenientes de fontes renováveis e, portanto, um meio responsável e natural de informação e conhecimento.

FSC
www.fsc.org
MISTO
Papel produzido a partir de fontes responsáveis
FSC® C103535

Impressão: Reproset
Novembro/2021